少年探索发现系列

探索奥秘世界

INCREDIBLE UNSOLVED MYSTERIES

最不可思议的科学未解之谜

总策划／邢涛 主编／龚勋

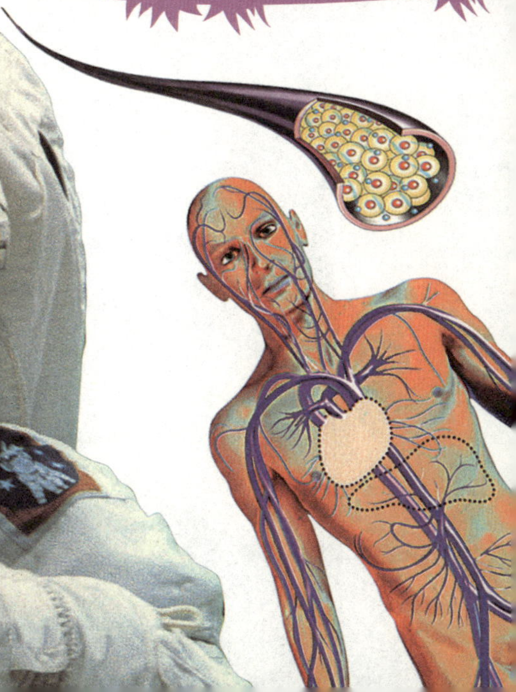

汕頭大學出版社

前言 Foreword

大千世界，变幻莫测，无数秘密蕴藏其中。时光能不能倒流？谁能跑得比光快？太阳的能量来自何处？人类还会进化吗？艾滋病从哪里来？坦克可以隐形吗？纳米技术能攻克癌症吗？……这些不可思议的谜既有价值又有趣味，为了让少年儿童把求知的目光转向这些未解之谜，培养他们对科学的兴趣以及探索未知世界的勇气，我们编撰了这本《最不可思议的科学未解之谜》。

本书分为四部分，分别从数理化、生命科学、古代科技等领域及妙趣横生的科技“奇象”中选取了最有趣、最离奇的未解之谜，通过丰富的资料与精美的图片向少年儿童展示奥妙无穷的科学世界。为了帮助少年儿童更好地理解这些未解之谜，在每一个谜中我们都设置了两个重要问题，作为阅读提示。

我们衷心希望，本书能够帮助少年儿童解答科学领域中的某些困惑，对人类所处的世界有更深的认识；同时也让他们知道，科学探索的道路既充满乐趣也充满艰辛，在科学的领域中还有许多的谜等待他们去解开。希望这些未解之谜成为神奇的钥匙，为少年儿童打开探索未知世界的大门。

探秘玄奇叵测的科学世界！！

目录

CONTENTS

第一章 1~44 难解的数理化之谜

第二章 45~94 生命科学探奇

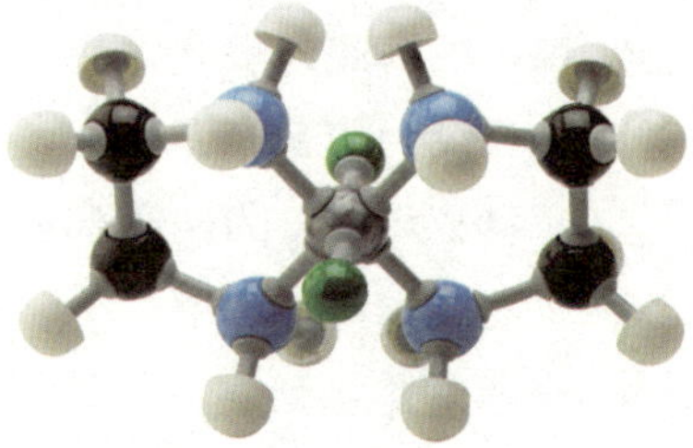

第四章 125~153 追踪科技“奇象”

[第一章]

难解的数理化之谜

从遥远的宇宙到我们身边的世界，有很多神奇的现象都可以运用数理化方面的知识来解释。但是，在数理化王国中，也有许多疑问至今还没有找到确切的答案。如：谁发明了数字，寒冷有没有尽头，四维空间是否存在……下面，就让我们一起进入这个神奇的数理化王国吧，相信你一定会有意想不到的收获！

谁发明了数字

阿拉伯数字是阿拉伯人发明的吗？
到底是谁发明了最早的计数方法？

在谁发明了数字的问题上，大家说法不一。

数字是表示数量的一种简便方法，在我们生活中有很重要的位置。我们现在所使用的阿拉伯数字，它以十进制为基础，采用了十个计数符号：0、1、2、3、4、5、6、7、8、9。那么，是谁发明了阿拉伯数字呢？

一直以来，人们都认为是古印度人发明了包括0在内的十个计数符号，还发明了现在一般通用的定位计数的十进位法。有了定位计数，同一个数字符号因其所在位置的不同，所表示的数值就会不同。如果某一位没有数字，则用“0”表示。只是，后来这十个计数符号由阿拉伯人传入欧洲，因而被欧洲人误称为阿拉伯数字。

最近，新加坡大学的数学教授林来永向这一传统观点提出挑战。他对中国古籍研究后发现，最早发明计数方法的是中国人。早在公元前475年，中国人就发明了表示数字1～9的方法，比其他国家和地区早了1000年。遗憾的是，中国人没有把这种方法用书写的形式表达出来，因而不为人所知。林教授的这种观点是否属实，到底谁是数字的真正发明者，还有待进一步考证。

斐波那契数列之谜

斐波那契数列为什么能够表达众多的自然现象？
斐波那契数列与黄金数有什么联系？

意大利数学家斐波那契曾出过一道有趣的数学题：“如果一对兔子每月生一对小兔子，而每对小兔子在它们出生的第三个月里，又开始生一对小兔子。假定不发生意外的死亡，一对兔子一年后能繁殖多少对兔子？”这个问题引出了一个著名的数列：1，1，2，3，5，8，13，21，34，55，89，144……这就是“斐波那契数列”。

几百年后，澳大利亚一些在火灾中逃出动物园的兔子正按这个数列所揭示的规律繁殖，几十年后，数量竟达40多亿只。以后，人们又发现，自然界中的蜂群扩大，菊花、向日葵、松果、菠萝等植物的花序、果实或叶的排列都符合这个数列。

更为奇妙的是，该数列中任何一个数与后一个数的比值都接近0.618，即黄金数，而且越往后，越接近。

为什么这个数列能表达众多的自然现象呢？它是否像黄金数那样符合自然界中的某种普遍规律呢？这些问题至今仍是未解之谜。

按斐波那契数列的规律计算，一对成年兔子一年能繁殖成377对兔子。

黄金分割使枫叶显得特别美。

黄金分割的奥秘

什么是黄金分割？

人类为何觉得在形体上拥有黄金数的物体是美的？

在生活中，有一个与众不同的数，按这个数所包含的比例关系组成的事物通常表现出和谐与美。这个数就是0.618，即黄金数。为什么这个数如此有魅力呢？这就要从两千多年前说起了。

两千多年前，古希腊数学家欧多克索斯发现：将一条线段分割成长短不同的两段，如果短段与长段的长度之比恰好等于长段的长度与线段全长之比，那么这一比值约为0.618，这一分割被称为黄金分割，而0.618就被称为“黄金数”。后来，人们发现凡是符合这一比值的物体，看起来都比较优美。比如法国罗浮宫的美神维纳斯的雕塑，下身与全身之比恰好是0.618。

其实，0.618这个黄金数在自然界很常见。例如，形体比例匀称的人，他的肚脐眼就是身体总长的黄金分割点。此外，这个数值在绘画、雕塑、音乐、建筑等艺术领域也都有着不可忽视的作用。可是，黄金数到底反映了自然界中一个什么样的普遍规律呢？人类为何觉得在形体上拥有黄金数的物体是美的？至今仍是一个谜。

按黄金比例做成的维纳斯的雕像

暗藏在金字塔里的数字

金字塔里的数字关系是一种巧合吗？
古埃及人真的有那么高的科技水平吗？

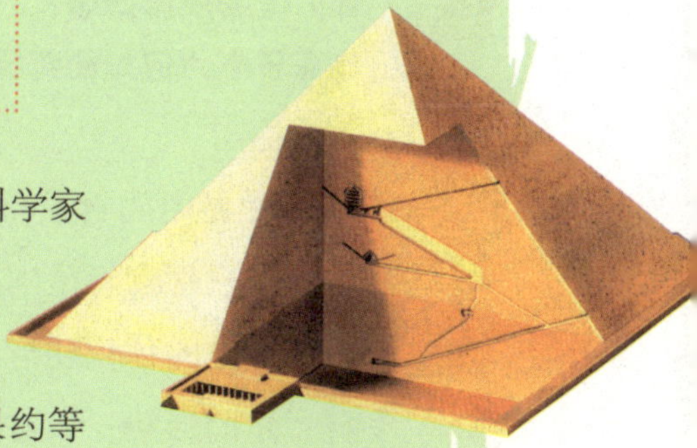

世界著名的埃及胡夫金字塔，一直吸引着科学家们的目光。有人对它进行测量后，提出了以下一些暗藏在金字塔中的数字之谜：假如我们用胡夫金字塔塔底的周长除以高度的2倍，结果约等于圆周率的近似值3.14；胡夫金字塔高度的10亿倍，大致相当于地球与太阳之间的距离；塔自身的重量乘以10，重复15次后，结果正好等于地球的总重量。

这一切难道都是巧合吗？一些科学家认为，有些数字是巧合的，还有些并不完全符合事实。譬如，以52° 左右倾斜面建造的四方角锥，用其高去除其底边的2倍，都得到接近3.14的值。当然，也有些科学家认为事情并非那么简单，因为除金字塔外，其他建筑物都不能提供那么多代表相当科技含义的数字。看来，要揭开谜底，仍需人类不断努力。

金字塔里藏着许多跟数字有关的秘密。

奇异的物质第四态

什么是物质第四态？
等离子态为何如此奇特？

自然界中的物质都是以某种物理状态存在的，我们称为物态。最常见的三种物态是固态、液态和气态。固态是一些微观粒子，它们能保持一定的体积和形状；液态的流动性较大，所以有一定的体积却没有一定的形状；气态性格活泼，没有固定的形状和体积。在一定条件下，这三者可以相互转化。近年来，科学家发现物质还有第四种物态，那就是等离子态。

什么是等离子态呢？通常情况下，当我们把冰加热到一定程度，它就会变成液态的水；如果继续升高温度，液态的水就会变成气态；如果继续升高温度到几千摄氏度以上，气体的原子就会抛掉身上的电子，发生气体的电离化现象。物理学家把电离化的气体叫做等离子态。在我们生活中，经常可以看到

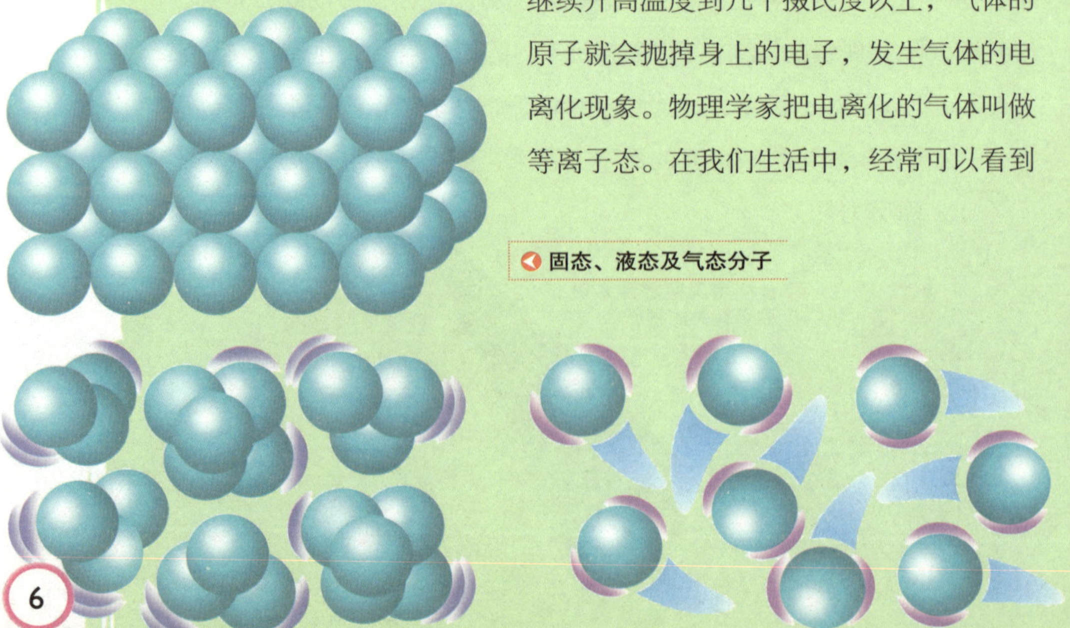

固态、液态及气态分子

等离子态的物质。例如，在日光灯和霓虹灯的灯管里，在炫目的白炽电弧里，都能找到它的踪迹。另外，在地球周围的电离层、美丽的极光和流星的尾巴里，也能找到奇妙的等离子态。

等离子态是物质的一种奇特的物态，它具有其他三种物态的优点，既可以像液体那样流动，又能像固态的晶体那样拥有整齐有序的内部结构。在这种物态中，等离子体的原子被电离，也就是说电子被剥离出来。正因为如此，等离子体才具有磁场和电场，它的移动变得没有秩序且无法预测，随时会改变周边的环境。而且，随着环境的改变，等离子体也会发生变化，它会在一些作用与反应中产生连续的闪烁。通常情况下，它是热的，但也可能是冷的。至于等离子态的物体为何会呈现出这样的特性，科学家至今没有合理的解释。

科海探秘 Science

质量守恒定律

质量守恒定律是指参加化学反应的各种物质的质量总和，等于反应后生成的各种物质的质量总和。这个定律是一个普适定律，它说明在物质体系中，不论发生了何种变化，其质量始终保持不变。

在美丽的极光里也能找到物质的第四种物态。

寒冷有尽头吗

宇宙有最低温度吗？
绝对零度可能达到吗？

据科学家测量，地球上的最低温度是-89.2℃；月球上的最低温度还要低一些，背太阳的一面最低温度达到-183℃；冥王星的最低温度约在-240℃以下。那么，宇宙中的最低温度是多少呢？

有人推测宇宙的最低温度为-273.15℃，这个温度也被称为绝对零度。在这一温度下，构成物质的所有分子和原子均停止了运动，气体的质量为零。那么，宇宙中究竟存不存在这样低的温度？这个温度是不是寒冷的尽头？人类能不能利用科学技术达到这一温度呢？这些问题引起了许多科学家的兴趣，他们通过长时间的努力，研发出一系列的“降温”技术，现在距离-273.15℃只剩下千万分之一摄氏度了。有人认为，假如科学家们再进一步努力，绝对零度就能达到。可是，德国物理学家斯脱却为这种说法泼了一盆冷水。他指出，在现有的技术条件下，让物体冷却到绝对零度是不可能的。还有人说，这个温度永远也无法达到。因而宇宙的最低温度究竟存不存在，至今仍是个谜。

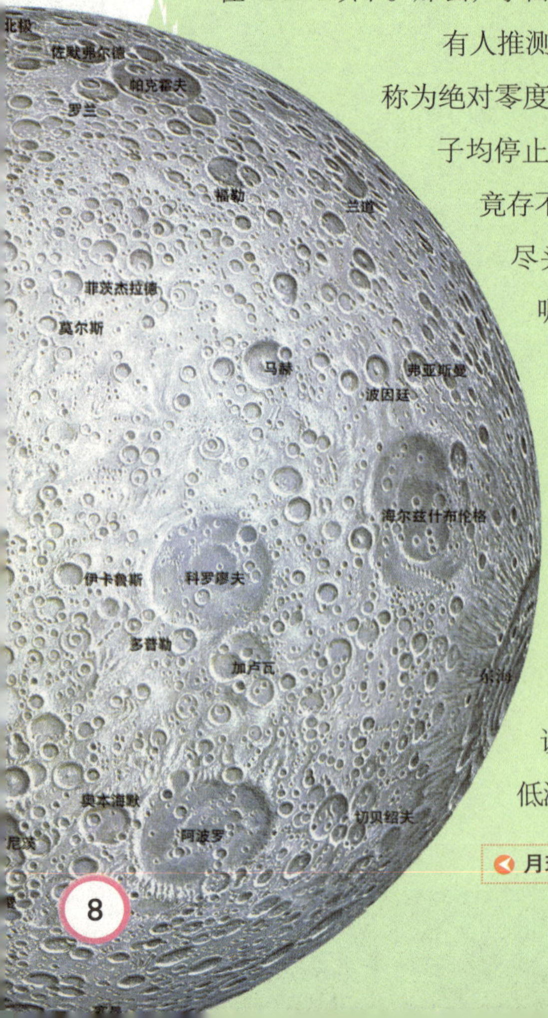

月球背面的温度可以达到-183℃。

时间究竟是什么

科学家是如何定义时间的？
时间能脱离宇宙而独立存在吗？

大多数人认为，宇宙是在时间中开始的。

时间对我们来说是再重要、再平常，使用再多不过的概念了，我们每时每刻都能感受到它的存在。然而，时间虽然可以测量，却无法看到，无法听到，它究竟是什么，恐怕没有多少人能说得清楚。

起初，科学家把时间看作是不依赖于任何其他事物而独立存在的、无休止地匀速流逝的客体。到20世纪初，科学家爱因斯坦指出，时间不能脱离宇宙及其观察者而独立存在，时间是宇宙与其观察者之间联系的一个方面。据此又推论：宇宙必然有“开端”，并且还可能有“终结”。多么惊世骇俗的结论！

实际上，“时间是什么”的问题是探索时间的本质的问题，这只是极少数科学家、哲学家热衷的课题，而且远没有得出一个令人满意的结论，还需要长期探索下去。

大多数人认为，时间不能够脱离宇宙而独立存在。

时光真能倒流吗

什么是超光速？
超光速可以使时光倒流吗？

爱因斯坦

人们常常希望时光能够倒流，自己可以回到过去的美好岁月。那么，时光真的能够倒流吗？

爱因斯坦认为，时间和空间可以在光速中发生变化。如果能够实现超光速，时光倒流是可能的。假如将宇宙看成一个四维时空，随着物体运动速度的增大，时间流程将变慢，空间尺度将缩短。在强大的引力场作用下，时空结构会弯曲，一维时间可以像三维空间一样发生弯曲。而当宇宙飞船经过重力场时，把重力场的拉力转换成推力，在那段时间内，宇宙飞船便能以光速甚至超光速飞行。也就是说借助电磁、重力、光速和时空共同演变的伸缩性，可以瞬间跨越时光。

可这又带来一个问题。爱因斯坦在“狭义相对论”中提到，物体运动速度越快，长度会越短，并且当物体的速度趋近光速时会受到强大潮汐重力场的作用，即当物体到达光速时，换作是人的话，恐怕早已不成人形了，更不用说超光速了。看来，时光能否倒流，仍是一个谜。

如果时光可以倒流，我们能够回到过去吗？

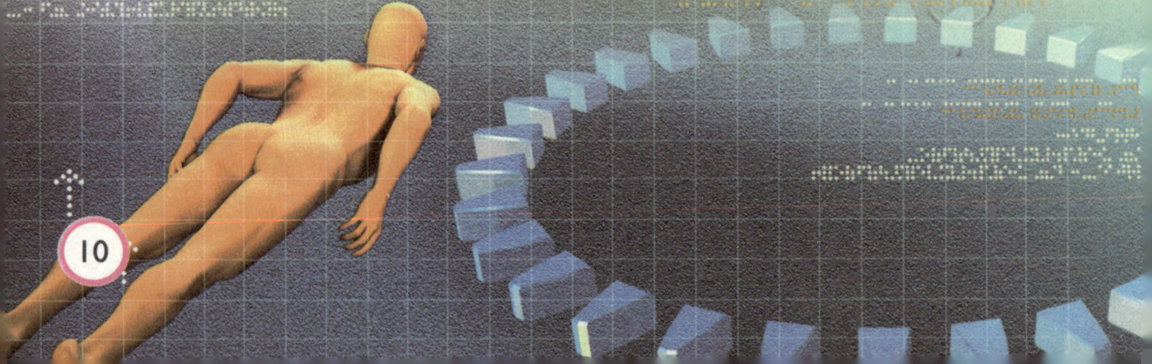

四维空间存在吗

什么是四维空间？

如何证明四维空间的存在？

这是三维物体。有没有四维的物体？

在一条狭长的隧道里，我们能走出隧道的方向只有前与后；当我们走在旷野里时，有前、后、左、右四个方向；而当我们在太空中漫步时，将有前、后、左、右、上、下六个方向。那么，在什么地方我们能找到第七个和第八个方向，即第四对方向呢？答案是：四维空间。

通常我们所说的“四维空间”，是指爱因斯坦在相对论中提及的“四维时空”概念。爱因斯坦认为，我们生活中面对的由长、宽、高构成的三维空间加上时间就构成所谓四维空间。因为我们在地球上感觉到的时间很慢，所以不会明显地感觉到四维空间的存在，只有登上宇宙飞船或到达宇宙之中，本身所在参照系的速度开始变大或接近光速时，我们才能对比着找到时间的变化。

不过，目前人类尚未发现四维或四维以上的生物，也无法制造出四维的东西，因而无法证实四维空间是否存在。

目前我们只能够想象四维空间的样子。

第五种力存在吗

宇宙中有哪些作用力？
如何证明第五种力是否存在？

万有引力、电磁力、弱力和强力是宇宙中存在的四种相互作用力。这四种力在宇宙间是最基本的，没有这四种力的作用，就不存在物质，不存在恒星和行星，也不存在人类。那么，是否存在第五种力呢？

20世纪80年代中期，美国物理学家费希巴赫领导的一个研究小组发现，不同质量的物体在真空中并不具有相同的加速度，这说明物体下落时除了受重力作用外，还受到一种鲜为人知的新力即第五种力的作用。它是一种斥力，源于物体所带的“超电荷”，作用距离从几英尺到几千英尺。这一发现在当时轰动了全世界。

但是，目前第五种力基本上只是一种假说。有些科学家声称，他们在实验中根本没有发现存在新力的证据。还有科学家认为，对是否存在新力的证明极其复杂，实验中很难照顾到方方面面的因素，很难完全排除各种外部干扰，因而也就无法证明是否有第五种力存在。

物体下落时，有没有受到第五种力的作用呢？

人类如何驯服"天火"

太阳上为什么会不断进行热核反应并产生"天火"？
人工热核反应能为人类驯服"天火"提供借鉴吗?

人类如何利用人工热核反应时产生的巨大能量呢?

在古希腊神话中，勇敢的普罗米修斯盗取了"天火"，人间才有了火。但是，科学告诉我们，真正的"天火"并不是普通的火，而是太阳上不断进行的热核反应所产生的"火"。

我们知道，热核反应产生的能量远远高于我们通常用的来自其他燃料的能量。因而，合理而有效地利用"天火"，将会造福人类。但是，驯服"天火"又是一件极不容易的事情。

科学家一直试图通过人工热核反应——原子能爆炸来探寻驯服"天火"的办法。一个小小的原子核里蕴藏着巨大的能量，只有通过核反应才能把原子核里的能量释放出来。可是，原子弹爆炸产生的巨大的能量一眨眼就释放得一干二净了，无法得到有效的利用。现在，世界各国的科学家已经建造了几百台热核反应试验装置，为解决这个问题而努力。相信在不久的将来，科学家们一定会找到解决的办法，从而为驯服"天火"提供借鉴。

生活中，核能有重要的利用价值，核电站就是利用核裂变产生的能量进行发电的。

谁能跑得比光快

快子真的能“超光速”吗？
如何证明快子的存在？

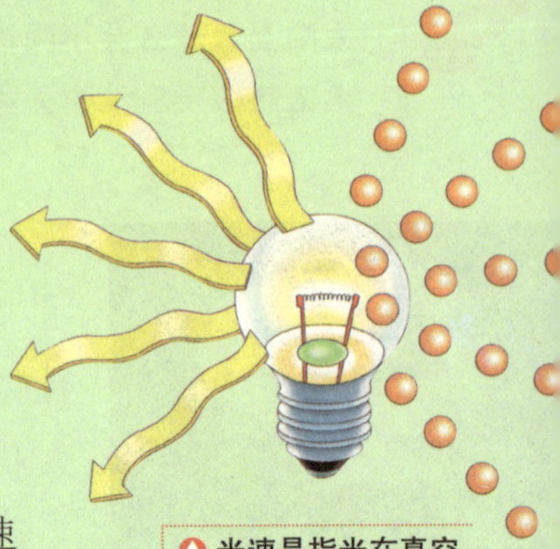
光速是指光在真空中的传播速度。

一直以来，光以30万千米/秒的速度高居自然界运动榜之首。不过，近年来光的“冠军”宝座却岌岌可危，因为有些科学家提出一种超光速理论。他们认为宇宙中肯定有一类粒子能够以超过光的速度运动，这一类粒子被称为“快子”。快子的质量是虚数，它的速度将随能量的耗散而无限增加，当它的能量趋于零时，则速度趋于无穷大。那么，“快子”真的存在吗？

科学家认为，如果快子以超光速在真空中运动，必然会在飞过的地方留下一条发光的蓝尾巴，这种现象在物理学上被称为“切连科夫辐射”。为了抓住快子这条发光的蓝尾巴，科学家们想尽了种种办法。可是，要想揪住这条尾巴并非易事，因为快子的速度惊人，比光还要快几百万倍。一般情况下，当人们发现快子的蓝尾巴时，它早就逃之夭夭了。因此，我们只能说，快子有可能存在，但是目前无法证明。所以，谁能比光跑得更快，到现在仍然是个谜。

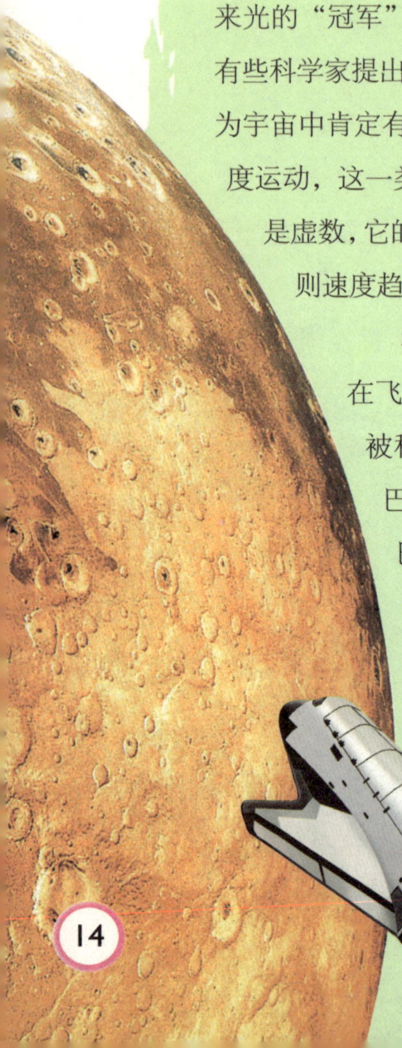

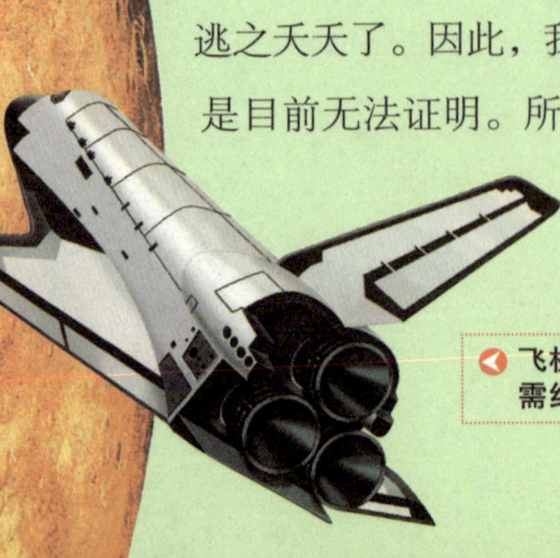
飞机从地球飞到月球最快需60小时，而光只需约1.28秒，有没有比光更快的物质呢？

人体悬浮空中之谜

人体可能悬浮在空中吗?
人体可以借助什么力量悬浮在空中?

海阔凭鱼跃，天高任鸟飞。从古至今，人类一直非常羡慕鸟儿，希望能够借助一种力量，如同鸟儿般在天空中飞来飞去。可是我们知道，普通物体和动物由于受重力作用，若不借助外力是不可能自由悬浮在空中的。那么，人体可以借助什么力量悬浮起来?

一般来说，悬浮有两种形式：悬浮与磁悬浮。前者利用空气向下喷气产生悬浮，后者则利用磁性材料的相斥性和相吸性的原理进行悬浮。这两种悬浮目的是一样的，都是产生一个可以平衡地球重力的力，使物体悬浮起来，所不同的是它们采取的物理原理。

最近，英国的理论物理学家们提出了悬浮效应理论。他们认为，人体完全能够像气球一样悬浮在空中，并尝试利用各种力将不同的动物悬起，这些尝试似乎离人体悬浮于空中的理想越来越近。然而，悬浮效应理论究竟能否实现人体悬浮于空中的梦想，还是一个未知数。

磁悬浮列车是利用磁性材料的相斥性进行悬浮的，而人体怎样才能悬浮呢?

雷电之谜

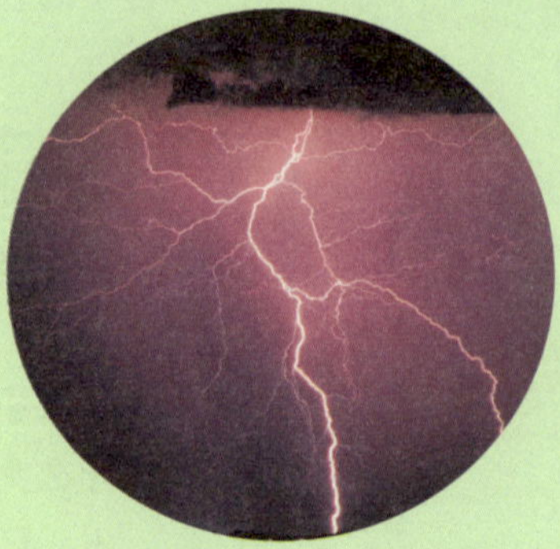

雷电中的电场是怎么形成的？
雷电为什么多产生于积雨云中？

在古代，人们认为雷电就是上天的怒火，对它敬而远之。雷电有时候会给人类造成经济损失，甚至夺人性命，所以，一提起雷电，人们总是露出恐惧的神情。可是，美国科学家富兰克林却于1752年，通过“风筝试验”勇敢地“捉住雷电”，后来他又想方设法把这些电引到了莱顿瓶中研究，结果发现，天上的雷电与人工摩擦产生的电具有完全相同的性质。这个实验，揭开了人类对雷电探究的序幕。随着科学的发展，现在人们对雷电有了更多的认识。

从前，人们认为雷电是上天在发怒。

通常我们看到的闪电是线形的。

科海探秘 Science

积雨云的形成

天空形成浓积云之后，若空气对流运动继续增强，云顶垂直向上发展更加旺盛，达到冻结高度以上，原来浓积云的云顶便开始冰晶化，它的边缘轮廓开始在某些地方变得模糊，很快就会形成积雨云。

雷电是伴有闪电和雷鸣的一种雄伟壮观的自然现象，一般产生于对流旺盛的积雨云中，因此常伴有强烈的阵风和暴雨，有时还伴有冰雹和龙卷风。气象学上把雷电称为雷暴。形成雷暴的积雨云高耸浓密，云顶常有大量冰晶，云内垂直方向的热力对流旺盛，不断发生起电和放电现象，其机制十分复杂。在放电过程中，闪电通道上的空气温度骤升，空气中水滴汽化膨胀，甚至还有电离现象产生，短时间内空气迅速膨胀，从而产生了冲击波，导致强烈的雷鸣。由于云中的电荷在地面上引起感应电荷，在云底与地面之间形成“ 闪道 ”。当电荷积累和其他条件具备时，就会发生闪电击地，即雷电灾害。

尽管人们对雷电的研究越来越深入，可是，人们对于雷电仍然还有许多未解之谜。例如，雷电到底是什么，雷电中的电场是如何形成的，等等。

行踪诡异的球形闪电

球形闪电是怎样形成的?

球形闪电由什么物质组成?

生活中，我们常见到的闪电有线形、带状、火箭形和球形四种，最常见的是线形闪电，球形闪电相对少见。半个多世纪以来，人类记录了4000多次球形闪电现象。

20世纪80年代初，一架“伊尔-18”飞机从苏联的索契市起飞。当时天气晴朗，万里无云，雷雨云远离飞行线40千米。不一会儿，一件令人惊悚的事情发生了：当飞机升到1.2千米的高空时，一个直径为10厘米左右的火球疾速闯入飞机驾驶舱，在发出震耳欲聋的爆炸声后消失。但是，几秒钟后，它又通过密封的金属舱壁，出现在乘客舱内，接着它飘进后舱，一分为二，分裂成两个光亮的半月形，随后又合并在一起，发

球形闪电在爆炸的一瞬间能烧掉房屋。

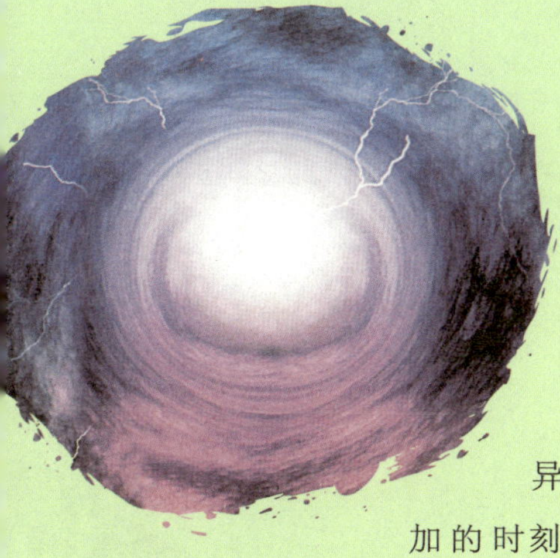

出一阵“嘶嘶”的叫声后飘然离去。事后检查发现，球形闪电在飞机头部和尾部各钻了一个窟窿，使雷达和仪表失灵，所幸的是飞机内壁和乘客没有受到任何损伤。

研究者发现，球形闪电行踪诡异，捉摸不定。它们大多出现在雷雨交加的时刻或暴风雨前后，呈发光的火球形状，中心极亮。这种火球的颜色多变，直径通常为10～40厘米。球形闪电的持续时间仅为几十秒，它常常以每秒2米的速度作水平移动，有时停留在半空中，有时又降落于地面。它能穿过玻璃、门缝，轻而易举地降临到房屋之内，如入无人之境。因而，“伊尔-18”飞机上发生的事件也就显得稀松平常了。

球形闪电出现时常伴有爆炸声，消失后会在空气里留下一股刺鼻的烟味。它虽是一个灼热的火球，但当它靠近一些易燃物体，如：树木、纸、干草时，并不会引起火灾。可是，它的威力却不容置疑。它在爆炸的一瞬间可以烧掉房屋；如若落进水池，会使水马上沸腾。

球形闪电到底由什么物质组成？一直没人能回答这个问题。有人认为它是一种带强电的气体混合物，有人推测它是化学反应堆，有人认为它是一种氮氧化合物，还有人说它是一团高度电离的空气囊。种种说法，莫衷一是。

科海探秘 Science

球形闪电的形成

有人认为，土壤被雷电击中后，会向大气中释放含有硅的纳米微粒，来自雷电袭击的能量以化学能的形式储存在这些纳米微粒中，达到一定高温，这些微粒就会氧化，形成球形闪电。

水珠为何能在水上漂

为什么有些水珠不会溶在水中？
水珠在水上漂的奥秘是什么？

在生活中，我们常常能看到一些水珠在水上漂移。那么，为什么这些水珠不是溶入水中，而是在水面上漂移呢？

法国的一些科学家认为，在水珠和水面之间存在一个空气层，当水珠与水面接触时，有些空气没能及时“跑掉”而留了下来，于是，水珠便停在这层空气上，并没有完全接触到水面。一旦水珠接触到水面，在特定条件下会产生一种振动波，并在附近的水面产生微小波浪。在水面振动波的作用下，水珠会在小波浪间滑来滑去，于是我们便看到了水珠在水上漂移的情形。

但有些科学家认为，用空气层来解释水珠在水上漂的现象有一定的局限性，真正原因到底是什么，仍需进一步研究之后再下结论。

我们常会看到有些水珠在水上漂移。

磁铁人之谜

“磁铁人”的皮肤为什么能吸起东西？
“磁铁人”皮肤的磁力来自哪里？

磁是一种看不见的自然力，它能够吸引或者排斥某些物质。通常，磁性产生于某些金属或矿石。奇怪的是，罗马尼亚有一名叫奥勒尔·雷利纽的男子，他的皮肤具有磁性，能够吸附起包括金属、木头、瓷盆、熨斗在内的任何东西，因而他被人们称为“磁铁人”。

为什么奥勒尔的皮肤具有磁性呢？英国磁力专家考本认为，如果奥勒尔是凭磁力吸附起东西的，那么他的磁力将是地球磁场的几百倍。随后，考本对奥勒尔的身体进行了测试，令人困惑的是，他并没有从奥勒尔身上检测到任何磁力。

随后，超正常现象怀疑论者弗兰奇推测，会不会是奥勒尔的皮肤有“黏性”？他用各种东西擦拭奥勒尔的身体，当试到滑石粉时，奥勒尔的皮肤再也无法吸附东西了。弗兰奇据此认为，奥勒尔的皮肤能吸附物体，是因为他的皮肤能大量分泌一种黏性极强的皮脂。可是奥勒尔的皮肤为何会分泌出这种皮脂，产生强大的“磁力”，弗兰奇无法回答，因而“磁铁人”之谜至今无法解开。

磁铁能吸物，人的身体也能吸物吗？

揭秘地磁场的移动

地磁场是怎样移动的？
地磁场为什么会神秘移动？

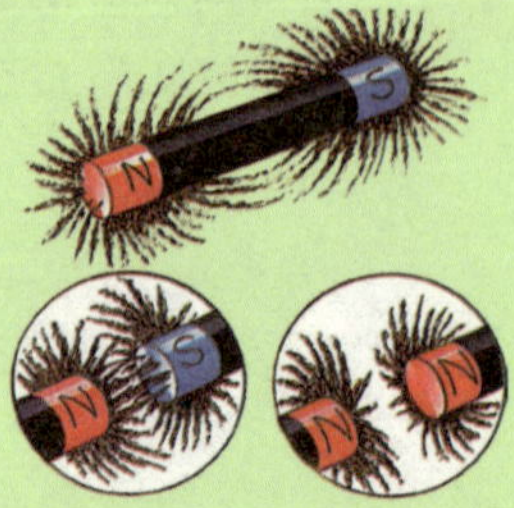

同名磁极相互排斥，异名磁极相互吸引。

我们生活的地球是一个磁体。因地球本身的磁性而在其周围形成的磁场叫地磁场，它有南极和北极之分。地球的N极（磁北极）和S极（磁南极）处磁力最强。地磁场的S极位于地球的北极点附近，而磁针无论在地球表面的任何地方，其N极必定指向北方。不过，地磁场的南北极不是固定不变的，而是一直在神秘地移动着的。

1831年6月1日，英国探险家罗阿尔德·阿蒙森来到极地时，发现地磁场N极的位置已经发生了变化，移动了一段距离。从那时起，人们才开始注意并研究这一奇特的现象。地球的磁场在不断发生变化，其方式也在变化。不同地方的磁场方向和强度均以不同的方式发生变化。很难说清楚地球的磁场作为一个整体是如何变化的。后来科学家们还发现，地磁极不仅会移动，有时极性还会发生倒转。一般来说，炽热的岩浆就好像一个个“小指南针”，里面含有数以万计的矿物质，当岩浆冷却

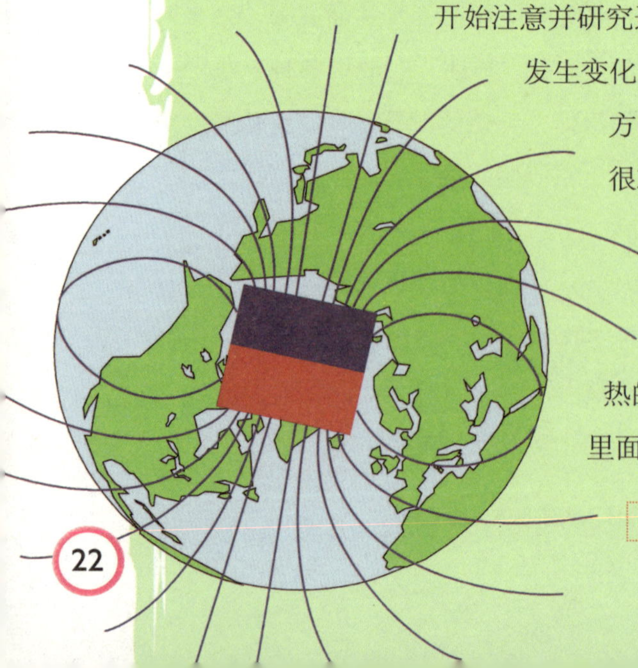
地球是一个巨大的磁体。

下来后，这些“指南针”也被固定下来，不再发生变化。这样，其“南北极”的指向就记录了当时地球磁场的方向。研究表明，地球磁场平均每50万年翻转一次，而最近一次翻转发生在78万年前。那么，地磁场为什么会发生神秘移动的现象?

有的科学家认为,存在于地核周围的铁流体（熔融体）会像“发动机”一样，不停地将巨大的机械能转化成电磁能，从而形成地磁场。而这个铁流体有时会形成巨大的旋涡，迫使自己的流向发生变化，这就引起了地球磁场的改变。

还有一些科学家认为，是地球外部因素引起了地磁场的短期变化，比如太阳辐射、宇宙射线和大气电离层的变化等。

以上说法到底哪一种更科学，目前尚无定论。

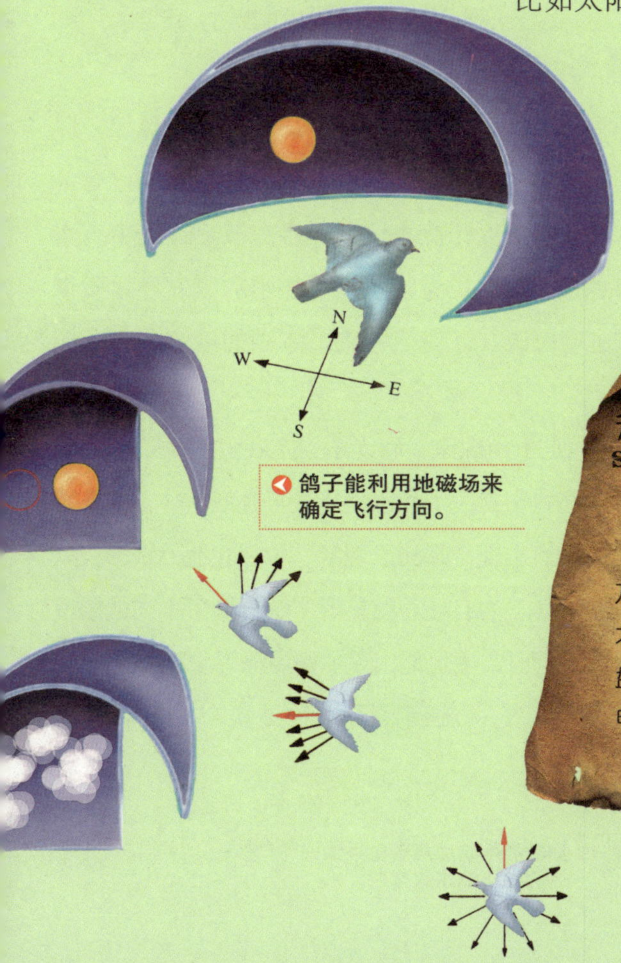

鸽子能利用地磁场来确定飞行方向。

科海探秘 Science

信鸽的“导向罗盘”

信鸽辨别方向的能力特别强，即使北方的信鸽被带到南方放飞，它仍然会飞回北方。原来，信鸽的体内有一种“导向罗盘”——电磁场，信鸽能够利用自己产生的电磁场与地磁场的相互作用来确定方向。

热水比冷水结冰快吗

什么是"姆潘巴现象"？
"姆潘巴现象"是怎么产生的?

我们知道，热水温度比冷水高，但是，1963年，坦桑尼亚学生姆潘巴的一个发现向以上常识提出了挑战。他发现加糖的牛奶加热后比未加热的牛奶结冰速度快。这种现象被称为"姆潘巴现象"。这一现象真的能颠覆我们以往关于冷水结冰比热水快的常识吗?

科学家们进行了许多实验，试图解开这一现象后面深藏的奥秘，探究热水结冰是否比冷水快。持热水结冰比冷水快意见的科学家们也有各自的看法，有人认为，热水散热速度比冷水快，热水在散热过程中有水汽蒸发，有可能加速了结冰的过程。也有人认为，热水的蒸发导致质量减少，从而导致热水结冰速度更快。还有人认为，水中的溶解物也可能影响水结冰的速度。

但有些科学家认为，这只是个别现象，它无法否定我们的物理常识。这些科学家用纯净水反复做了类似实验，结果始终没有出现"姆潘巴现象"。因此他们认为，只有当冰箱内有显著温差或牛奶含糖量不同或糖没有溶解时，才可能出现"姆潘巴现象"。

以上说法到底哪一种更科学，至今仍无定论。

加糖的牛奶加热后比未加热的牛奶结冰速度快。

如何利用可燃冰

什么是可燃冰？
为什么开采可燃冰那么难？

可燃冰的开采比石油、天然气的开采困难得多。

可燃冰是天然气水合物的俗称，它是天然气（主要是甲烷）和水在一定的温度、压力条件下结合形成的冰状可燃固体。可燃冰广泛存在于海底大陆架和某些冻土层中，是迄今为止海底最具价值的矿产资源。专家分析，如果充分开采，海底的可燃冰足够人类使用1000年，可以大大缓解能源之忧。

可是，天然可燃冰深藏于海底的岩石中，和石油、天然气相比，它的开采面临着许多新问题。有的学者认为，在导致全球气候变暖方面，甲烷所起的作用比二氧化碳要大10～20倍。而可燃冰矿藏哪怕受到最小的破坏，都足以导致甲烷气体大量泄漏。另外，可燃冰开采起来十分困难，一旦出了井喷事故，就会造成海啸、海底滑坡、海水毒化等灾害。可见，短期内人类无法实现用可燃冰来缓解能源危机的设想。至于将来能否实现，仍有待科学家进一步研究。

海底岩石中蕴藏着丰富的可燃冰。

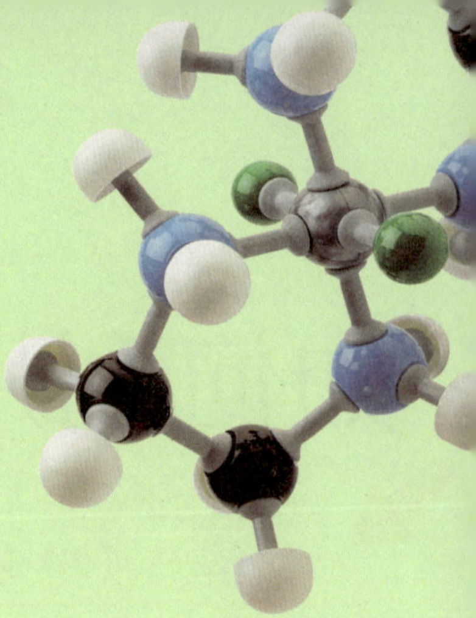

神秘的元素

元素是怎么形成的？
为什么有些元素会消失？

元素是具有相同核电荷数的同一类原子的总称，用来描述物质的宏观组成。从化学的角度来说，大千世界中的所有东西，都是由为数不多的元素，如：碳、氢、氮、铁等组成的。那么，元素又是怎么来的呢？

自从20世纪40年代以来，科学家们提出了不少关于元素产生和演化的学说。目前为止广为人们认可的一种说法是：大部分的元素都是在恒星演化过程中生成的。可这仍然不能完整地解释元素到底是从哪里来的。有些元素如氦、铅等在源源不断地产生，也有些元素如铀、镭、钍等却在悄悄地消失，还有些元素如砹、钫等可能由于寿命太短，在地球上已经不见踪影了，但在别的天体上却被发现了。这是怎么回事呢？至今没有权威的解答。当前化学中关于分子结构的研究，物理学中关于核粒子的研究等都在深入开展，人们对化学元素的认识也在不断发展。可以预料，这将带来对化学元素的新认识，或许最终能帮助人类解开元素形成之谜。

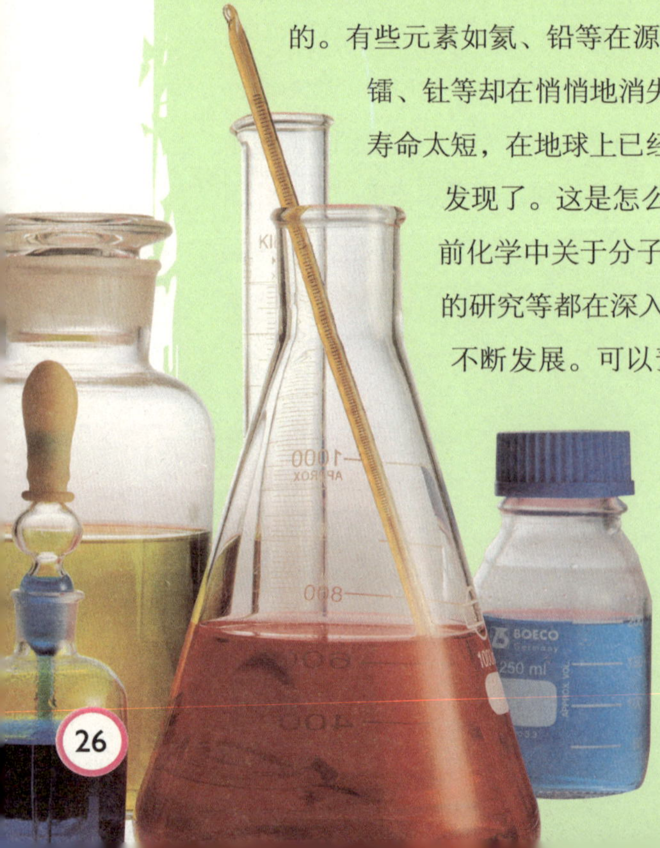

世界由元素组成，那么，元素又从何而来呢？

金属也会“疲劳”吗

什么是金属的“疲劳”？
金属为什么会“疲劳”？

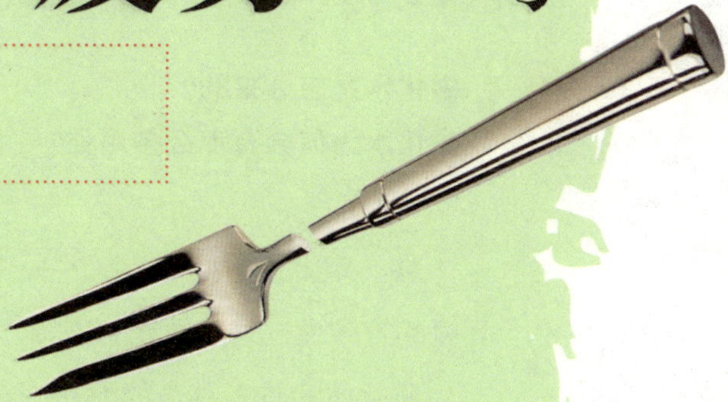

人累了就会有疲劳的感觉，那么金属会不会疲劳呢？科学证明，超过一定限度时，金属也会“疲劳”。我们不妨用铁丝做个实验：如果将铁丝拉直，铁丝是不容易断的。但是如果反复地将它弯折，铁丝就很容易断了。这说明，像钢铁这样的金属，在反复变化的外力的作用下，它的强度要比在不变外力作用下弱得多，这种现象就叫作“金属疲劳”。

人疲劳了经过休息就可以恢复，而“金属疲劳”则无法恢复，这就会造成许多恶性事故，如沉船、坠机等。那么，金属为什么会“疲劳”呢？

科学家们对此进行了各种各样的分析和研究。在疲劳破坏机理研究中，就有人提出了循环软化、滑移、错位等说法。在疲劳积累损伤方面，目前已建立了几十种损伤理论；在疲劳裂纹扩展方面，也提出了几十个裂纹扩展公式。但这些观点和实验方法，都具有很大的局限性和片面性。看来，要真正解开这个谜，还需要科学家们努力去探索。

揭开磁化水的面纱

磁化水是怎么来的？
磁化水为何会有那么多用处？

你一定听说过磁化水吧？只要让普通水以一定流速，沿着与磁力线垂直的方向通过一定强度的磁场，普通水就会变成磁化水。

磁化水有许多神奇的效用，在工业、农业、医学以及日常生活中均有广泛的应用，因而享有“神水”“魔水”之誉。在工业上，磁化水可以加快化学反应速度，提高生产率。英国有一家化工厂利用磁化水，使生产率提高了5%。此外，磁化水用于搅拌混凝土，可以增加混凝土的强度。磁化水还可以用来褪浆，在纺织业也有较好的应用前景。磁化水在农业上也屡建奇功。一些科学家经过实验发现，如果用磁化水灌溉土

将磁化水应用到农业领域，可以使农作物增产。

磁化水被广泛运用到工业生产中。

壤，可使土质疏松，起到改良土壤的作用，同时能够使农作物增产。磁化水的广大神通，还显示在医学上。它不仅能杀死多种细菌和病毒，还能治疗多种疑难病症。在日常生活中，用经过磁化的洗衣粉溶液洗衣服，可把衣服洗得更干净。有趣的是，不用洗衣粉而单用磁化水洗衣服，洗涤效果也很令人满意。

磁化水为什么有如此妙用呢？一些科学家认为，水分子本身就是一个磁体，其中氢一端带正电荷，氧一端带负电荷，根据正负相吸原理，许多水分子就会首尾相吸，形成庞大的分子团，这种大分子团会减弱水分子的生物活性。在我们平常用的普通水中，这种大的水分子团较多，有活性的水分子很少，而普通水经过磁场作用后，原先结合成的水分子团会被冲破，变成单个有活性的水分子，从而产生种种妙用。

不过，有的科学家认为，以上解释是肤浅的，无法说明磁化对水质的影响。看来，要彻底揭开“磁化水”的面纱，还需科学家进一步努力。

科海探秘 Science

纯净水

所谓纯净水，指的是不含杂质的水。纯净水能有效避免各类病菌入侵人体，安全地给人体补充水分。纯净水具有很强的溶解度，与人体细胞有很强的亲和力，因此有促进新陈代谢的作用。

悬而未决的引力波

什么是引力波？
引力波为何难以被检测到？

引力波是什么？爱因斯坦认为，它是一种跟电磁波一样的波动。广义相对论认为，有质量的物体被加速时会产生引力波。引力波是横波，它可以携带能量，在真空中以光速传播。

既然引力波携带能量，应该可以被探测到。但是，自爱因斯坦最早从理论上证明引力波的存在以来，人们始终没有在实验中测到引力波。20世纪60年代末，物理学家韦伯宣布他发现并成功地检测到引力波。消息一经传出，轰动了全世界。从70年代起，世界各地相继建立了引力波检测装置。但遗憾的是，他们的检测结果都否认了韦伯的结论——无人测出引力波。至此，引力波成了一桩科学悬案。这是为什么呢？

原来，引力波的强度很弱，引力效应实在是微乎其微，而且，物质对引力波的吸收效率极低，因而想直接检测引力波极为困难。所以，引力波能否被直接测出，成了实验物理学上的重大课题之一。

天文学家通过观测双星轨道参数，间接验证了引力波的存在。

有记忆的金属

金属为什么会有记忆？
所有的金属都有记忆功能吗？

记忆历来被认为是生物，特别是高等生物所特有的功能。但是，材料科学家在研究中发现，某些金属也有记忆功能。美国一位从事海军军械研究的科学家发现，把一根在常温下硬如钢铁的镍钛合金丝放入冷水中，它竟然奇迹般地变成可以随意弯曲的柔软合金。但若将它放回热水中，弯曲的镍钛合金丝像想起了什么似的，突然伸直，并回复到原来的形状。科学家们将这种合金称为“形状记忆合金”。这是怎么回事？合金为什么具有人类那样的记忆力？

有人认为，这种镍钛合金材料在某一温度上下变化时，它的化学成分并没有改变，只是它的晶格结构发生了变化。但这种晶格结构仍与原来的形状维持一定的联系，所以当温度回复时，合金就会恢复原状。可是，有人却在实验中发现，在相同的条件下，其他金属并不具备这种记忆功能。看来，要真正解开金属记忆之谜，还需要科学家们进一步研究。

内部有可逆结构的金属具有记忆力。

神奇的金属氢

金属氢有什么用途？
如何才能得到金属氢？

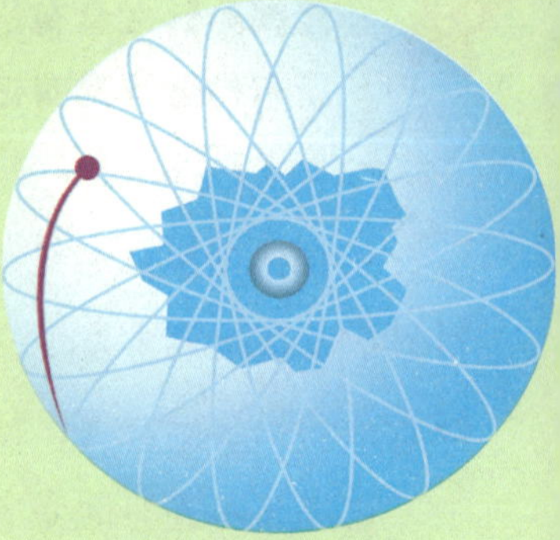

自然界中的很多元素有同位素，氢也不例外。

氢是我们熟悉的化学元素。它在常温下是一种气体，在低温下可以成为液体，当温度降到−259℃以下即为固体。如果对固态氢施加几百万个大气压的高压，还可能得到金属氢。

金属氢是一种高温超导体，是高密度、高储能材料，在各个领域都有重要的应用前景。因此，从20世纪40年代开始，美国、日本等国就投入了大量的人力、物力研制金属氢。那么，金属氢有没有可能提取出来呢？

从理论上说，在超高压下得到金属氢是可能的。1936年，美国科学家维那通过计算，得出氢转变为金属氢的临界压力为100万～1000万大气压。后来，苏联和日本的一些科学家们曾在上百万大气压的超高压下得到了金属氢，遗憾的是，一旦恢复常压，氢又回复到初始状态，因而科学家至今没有得到金属氢样品，关于金属氢的许多谜也就一直无法解开。

有人推测，木星内部是由金属氢构成的。

发现新元素的极限

新元素的发现有没有极限？
超重元素真的存在吗？

元素周期律的发现者门捷列夫

宇宙中的物质千差万别，数不胜数，然而，形成这些物质的元素种类却只有一百多种，科学家们显然不满足于这个结论，他们试图开拓寻找新元素的途径。

俄国化学家门捷列夫编制的化学元素周期表是探求未知元素的指南。它可以推测未知元素的性质，以便确定研究它们的方法。理论证明，周期表上的元素可以排到164号，但实际上要发现110号及以后的元素困难极大。

目前，科学家们正千方百计地寻找更重的超重元素。他们从陨石和地球上的各种矿物中收集了大量样品，对它们进行了各种分析与检测，可是一直到2006年，美国与俄国的科学家才宣称发现118号超重元素，但获得证实仍需时间。看来，要把这张元素周期表填满，是一件多么不容易的事啊！

元素周期表

1 H 氢 1																	2 He 氦 4
3 Li 锂 7	4 Be 铍 9											5 B 硼 11	6 C 碳 12	7 N 氮 14	8 O 氧 16	9 F 氟 19	10 Ne 氖 20
11 Na 钠 23	12 Mg 镁 24											13 Al 铝 27	14 Si 硅 28	15 P 磷 31	16 S 硫 32	17 Cl 氯 36	18 Ar 氩 40
19 K 钾 39	20 Ca 钙 40	21 Sc 钪 45	22 Ti 钛 48	23 V 钒 51	24 Cr 铬 52	25 Mn 锰 55	26 Fe 铁 56	27 Co 钴 59	28 Ni 镍 59	29 Cu 铜 64	30 Zn 锌 65	31 Ga 镓 70	32 Ge 锗 73	33 As 砷 75	34 Se 硒 79	35 Br 溴 80	36 Kr 氪 84
37 Rb 铷 85	38 Sr 锶 88	39 Y 钇 89	40 Zr 锆 91	41 Nb 铌 93	42 Mo 钼 96	43 Tc 锝 98	44 Ru 钌 101	45 Rh 铑 103	46 Pd 钯 106	47 Ag 银 108	48 Cd 镉 112	49 In 铟 115	50 Sn 锡 119	51 Sb 锑 122	52 Te 碲 128	53 I 碘 127	54 Xe 氙 131
55 Cs 铯 133	56 Ba 钡 137		72 Hf 铪 178	73 Ta 钽 18	74 W 钨 184	75 Re 铼 186	76 Os 锇 190	77 Ir 铱 192	78 Pt 铂 195	79 Au 金 197	80 Hg 汞 201	81 Tl 铊 204	82 Pb 铅 207	83 Bi 铋 209	84 Po 钋 209	85 At 砹 210	86 Rn 氡 222
87 Fr 钫 223	88 Ra 镭 226		104 Rf 𬬻 261	105 Db 𬭊 262	106 Sg 𬭳 263	107 Bh 𬭛 264	108 Hs 𬭶 265	109 Mt 鿏 268	110 Ds 𫟼 269	111 Uuu	112 Uub						
			57 La 镧 139	58 Ce 铈 140	59 Pr 镨 141	60 Nd 钕 144	61 Pm 钷 147	62 Sm 钐 150	63 Eu 铕 152	64 Gd 钆 157	65 Tb 铽 159	66 Dy 镝 163	67 Ho 钬 165	68 Er 铒 167	69 Tm 铥 169	70 Yb 镱 173	71 Lu 镥 175
			89 Ac 锕 227	90 Th 钍 232	91 Pa 镤 231	92 U 铀 238	93 Np 镎 237	94 Pu 钚 239	95 Am 镅 243	96 Cm 锔 247	97 Bk 锫 247	98 Cf 锎 251	99 Es 锿 252	100 Fm 镄 257	101 Md 钔 258	102 No 锘 259	103 Lr 铹 260

阿基米德的“燃烧镜”

阿基米德真的掌握了透镜的光学原理吗？
叙拉古人手中的镜子真能使战船燃烧吗？

阿基米德

据说，当年罗马人入侵叙拉古（今意大利锡拉库萨）时，发现叙拉古人手里拿的不是兵器，而是各自拿着一面镜子。就在罗马人的战船靠近西西里岛时，叙古拉人一齐将镜子对准太阳，只见一道道光柱从岸上射下来，罗马人的战船顿时燃起熊熊大火。那么，这些镜子为什么具有这么大的魔力？

这就要从伟大的科学家阿基米德说起了。阿基米德诞生于西西里岛的叙拉古。他从小受身为数学家的父亲影响，对数学、天文学、几何学产生了浓厚的兴趣，尤以对数学、物理技能的熟练掌握和将其用于制造武器而著称。在抵抗罗马人的这次战斗中，叙拉古人手中所拿的镜子之所以能够摧毁罗马战船，就是阿基米德的功劳。这些镜子其实是一种放大镜，在作战时，将放大镜对准阳光，移动放大镜与罗马战船之间的距离，通过放大镜的太阳光会集中在一个点上，达到燃点后，战船便燃烧起来了。

罗马战船被阿基米德的“燃烧镜”化为灰烬。

有些历史学家对这个故事的真实性表示怀疑，认为这只是一个传说，因为当时的人们并不了解光学和镜子的知识。但是不久前的一份研究表明，包括罗马文明在内的一些古代文明已经有了相当发达的光学知识，他们可以制造出望远镜，并已经掌握了“燃烧镜”的使用方法。

当年叙拉古人拿的镜子是不是这样的放大镜呢？

美国的一位学者罗伯特·泰普尔在他的著作《透明的太阳》中，描述了阿基米德利用镜子对付罗马人的过程。他指出，距那次战斗300多年后，有一位名为卢奇安的历史学家和一位名为伽仑的医学家分别对此战作了描述，而泰普尔的这本书正是在通读了这两位作者的原作的基础上写的。据说，希腊科学家伊奥安尼斯·萨卡斯曾经重复了泰普尔书中提到的实验，他让60个水手排队站在码头上，拿着大镜子，把太阳光反射到150英尺（相当于45.72米）开外的一只小船上，不到3分钟，船就着火了。

但牛津大学物理学教授保罗·尤尔特却认为，阿基米德生活的那个时代，未必有将镜子造得那么平滑的技术。

看来，阿基米德的“燃烧镜”到底是真是假，仍有待进一步考证。

罗马士兵没有料到竟受挫于小小的镜子。

科海探秘 Science

透镜

透镜在生活中很常见，是一种非常重要的光学元件，主要由透明物质（如玻璃、水晶等）磨制而成。根据镜面中央和边缘的厚薄不同，一般分为凹透镜和凸透镜。

水合电子的奥秘

水合电子有什么应用前景？
水合电子的化学结构是怎样的？

1864年，化学家威尔做了一个著名的实验：他将一小块钠投入液态氨中，很快，液态氨便呈现出美丽的蔚蓝色。这一现象引起了威尔的兴趣。经过一番研究，他找出了其中的原因：液态氨给出质子的能力比水弱，而钠又是较活泼的金属，它会在液态氨中慢慢溶解，生成深蓝色溶液。这种溶液的导电能力很强，和金属相近，这是因为金属与液态氨作用形成了氨合电子和金属正离子的缘故。

威尔的实验成果公布后，许多科学家对此产生了浓厚的兴趣，他们推断，既然有氨合电子的存在，自然就能找到神秘的水合电子。经过近一个世纪的努力，化学家斯蒂终于发现了水合电子的行踪。

水是最常见的溶剂，水合电子是被水分子团包围着的裸露电子。

科海探秘 Science

水合反应

水合反应也叫水化。在无机化学中是指物质溶解在水里时，与水发生的化学作用。一般指溶质分子（或离子）和水分子发生作用，形成水合分子（或水合离子）的过程。

钠

1952年，斯蒂做了一个普通的化学实验，却出现了出人意料的结果。当时，斯蒂将甲基蓝溶液放在光照的条件下，发现溶液的蓝色逐渐消失了。奇怪的是，当他往溶液中通入二氧化碳气体后，蓝色又奇迹般地出现了。斯蒂大惑不解，又重复了这一实验过程。经过仔细分析，他最终推断：甲基蓝褪色是由于它和水合电子结合的缘故，通入二氧化碳后会复原，是由于二氧化碳夺走了水合电子的缘故。不久，斯蒂的推论又在实验中得到了进一步的证实。

水合电子是被水分子团包围着的裸露电子，具有独特的化学结构，其化学性质十分活跃，可以说是目前已知还原剂中的最强者，它几乎能与任何元素及化合物发生化学反应，还能与某些物质合成极难合成的物质。例如，通常情况下，三价的铕离子很难转变成二价的铕离子，而假如有水合电子的加入，这一还原反应就变得轻而易举了。

水合电子的发现令科学家异常振奋。但是经过了几十年的研究，科学家们仍然不清楚水合电子的化学结构和应用前景。看来要解开这个谜，仍需进一步探索。

三门峡的无名怪火

为什么三门峡的地下怪火会持续不断？
三门峡地火是怎么引起的？

三门峡市位于我国河南省西部，原本是一个不引人注目的地方，然而2007年一场持续不断的地下怪火，却使它备受关注。

2007年夏天，三门峡市虢国西路与五原路西段之间的一片数十平方米大小的沉陷荒地上，突然蹿出了熊熊火苗，有的甚至高可齐膝。只要上前去随便挖个洞，就能看到洞中燃烧的火焰。经测试，这里的无名火的温度竟然高达1350℃。更奇怪的是，这场怪火持续了近一个月，连日的大雨也无法将其浇灭，消防部门曾经多次前去灭火，也无法彻底将其扑灭。而且，很快又发生了一件令人费解的事。消防部门根据专家的建议，向火洞灌了五车水，等洞内明火不见后，随即用沙袋将洞口堵死。谁知几日后，又有烟雾不

在三门峡市的荒地上，随便挖个洞就能看到这样的火焰。

在这场怪火中，有的火苗高可及膝。

断从地下冒出。这又怎么解释呢？专家称，可能是由于地下太热而地面湿润，才冒出水蒸气，也有可能是地下仍在燃烧。

经检查，已经确认这片荒地附近地下没有布设燃气管道，因此不存在燃气泄漏问题。稍后，地下埋藏有煤、电石矿的可能也被排除了。那么，这场怪火究竟是什么引起的呢？

研究人员通过检测发现，燃烧物中含有一氧化碳，但燃烧物是固体还是气体却不能确定。另外，燃烧物也不会爆炸，因此不会对人体构成威胁。

研究人员又沿着火洞等进行高线观察，发现这片荒地东侧、南侧的断面上有一层锯末，厚度从四五厘米到几十厘米不等，挖开部分土层，可以清楚地看到里面的小块废弃木料。那么，地下怪火是否与锯末有关呢？

经调查，起火处曾经是三门峡市中密度板厂堆放锯末及其他废木料的地方，两年前中密度板厂已经搬迁了。2007年入夏以来，三门峡市连降大雨，这些锯末埋在地下过久，遇水发酵生热，达到燃点后发生自燃。至于为何会造成长期燃烧，专家通过对地质剖面分析，认为这里地下埋藏的锯末还有很多，这或许是这场怪火持续一个月的主要原因。不过，这种说法未得到证实。

看来，这场地下怪火发生的真正原因，仍有待专家查证。

科海探秘 Science

群火现象

自从1981年以来，我国广西境内的小宅村每年只要一到秋季，就会接二连三地发生莫名其妙的火灾。有时候一天之中竟然发生20多起，每次起火都是好几处同时发生，这种现象叫作“群火现象”。

通古斯大爆炸疑云

通古斯大爆炸是一次核爆炸吗？
通古斯大爆炸真的跟外星人有关吗？

是外星人的宇宙飞船坠毁引起的爆炸吗？

1908年6月30日，俄国西伯利亚的通古斯地区发生了一起惊天动地的大爆炸。这起爆炸的能量超过广岛原子弹爆炸1000倍，方圆几十千米内的森林被彻底摧毁，附近地区大部分牲畜被烧死，浓烟上升到20多千米的高空，爆炸的冲击波形成猛烈的飓风，把半径32千米内的牧民们的帐篷刮得无影无踪。在爆炸之后5小时，推进的空气越过北海，使英国伦敦的电灯骤然间全部熄灭，英国各地气压不断突升突降，瑞典境内夜间出现了骄阳似火的奇景……

近一百多年来，全世界许多科学家先后提出一百多种假设和推测，试图探明通古斯大爆炸的真相。有些科学家认为，这是一次核爆炸，因为他们发现通古斯大爆炸时产生的许多现象都与1945年美国

科海探秘 Science

大爆炸与小型黑洞

有些科学家认为，通古斯大爆炸很可能与宇宙黑洞有关。他们推测，当年在冰岛和纽芬兰之间的太平洋上空，某个小型黑洞穿过地球时产生的强大引力导致了这次大爆炸的发生。

在日本广岛投放原子弹时产生的现象相似。比如，有相似的圆柱状蘑菇云，爆炸造成的损害、产生的后果也极为相似，爆炸中心造成的破坏都比周围地区小得多，树木被辐射烧焦后都笔直地站立而没有倒下，爆炸产生的光辐射能量也基本近似，都出现了电磁干扰。可是，历史告诉我们，一直到1945年，地球上的人类才发明和使用了第一颗原子弹。因此，1908年的地球上，根本不可能有核武器。

以苏联科学家卡扎切夫为代表的一些科学家则认为，通古斯大爆炸可能与外星球上的一艘核动力宇宙飞船有关。飞船在地球附近游弋时，内部意外地发生了故障，在距离西伯利亚地面几千米的空中突然爆炸了。但这种观点遭到了许多科学家的反对，他们认为“宇宙飞船”大爆炸之说，只是一种主观臆断，没有充足的证据。

还有一些科学家则认为，这次爆炸是由于一颗陨石和其他物体相撞引起的。但马上有科学家提出反对意见，他们认为，如果真是这样，当陨石撞击地面时，会使地壳表层物质迅速地被推开，在爆炸中心总能找到几个巨大的陨石坑，可是在通古斯爆炸区附近，并没有找到如此巨大的陨石坑或环形山。

种种说法，莫衷一是。通古斯大爆炸之谜，至今还没有解开。

在通古斯爆炸地区并没有发现类似的陨石坑，因而陨石撞击说遭到质疑。

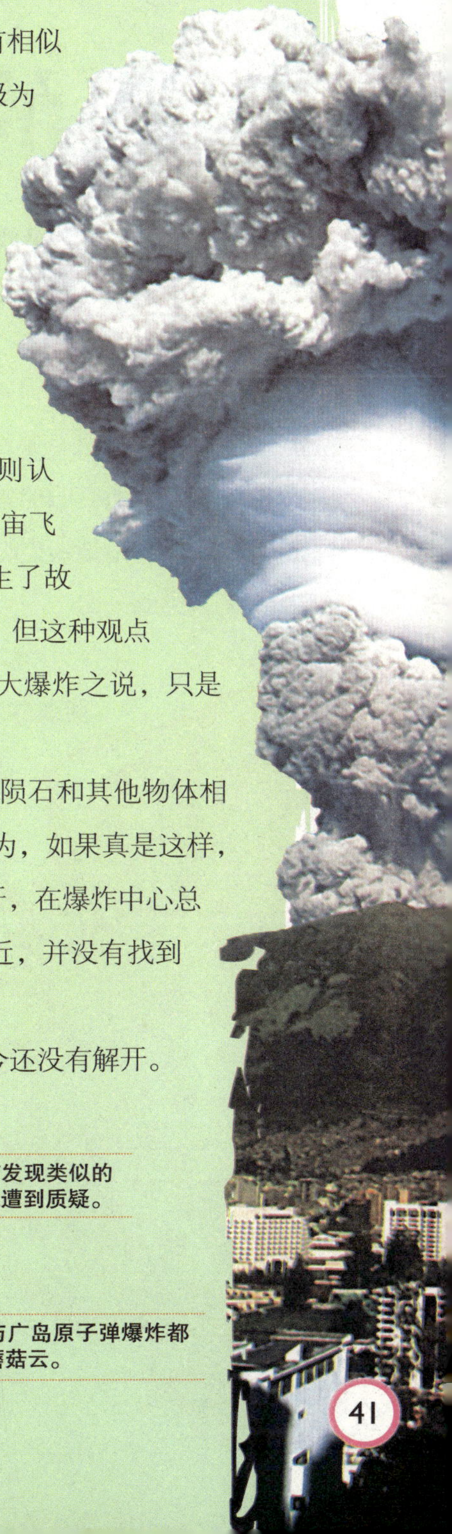

通古斯大爆炸与广岛原子弹爆炸都产生了圆柱状蘑菇云。

太阳的能量从哪儿来

太阳为什么会释放能量？
太阳的能量会消失吗？

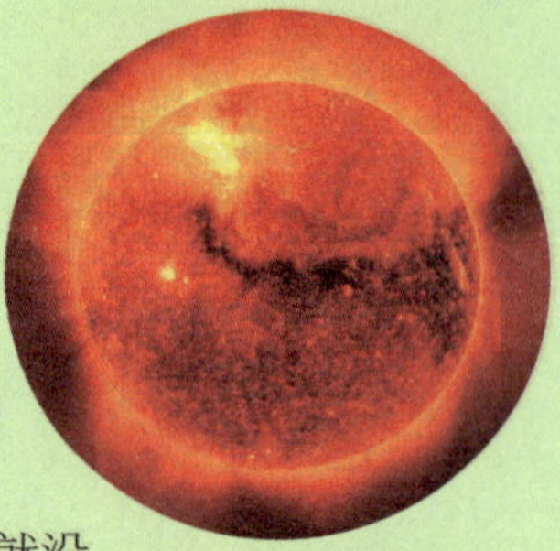

太阳内部

太阳是地球万物生长的动力源泉，它蕴藏着巨大的能量，并且不停地向外释放能量。地球上几乎所有的能源都来自太阳。因此，我们可以说，太阳是人类的“能源之母”，没有太阳，就没有人类的一切。

地球每天接受的太阳能，相当于全世界一年所消耗的总能量的200倍。平均说来，每平方米的地球表面从太阳得到的能量，跟一个有一根发热棒的电热炉产生的能量相同。在漫长的岁月中，人类没有发现太阳的光和热有丝毫的减弱。那么，太阳的巨大能量是从哪里来的呢？

起初，有的科学家提出太阳能量是由其自身物质向中心收缩产生的。他们根据格林尼治天文台提供的大量测量数据进行推算，发现在近一百年间，太阳的直径在引力的作用下缩短了1000千米，所以他们认为，太阳的巨大能量是在这一收

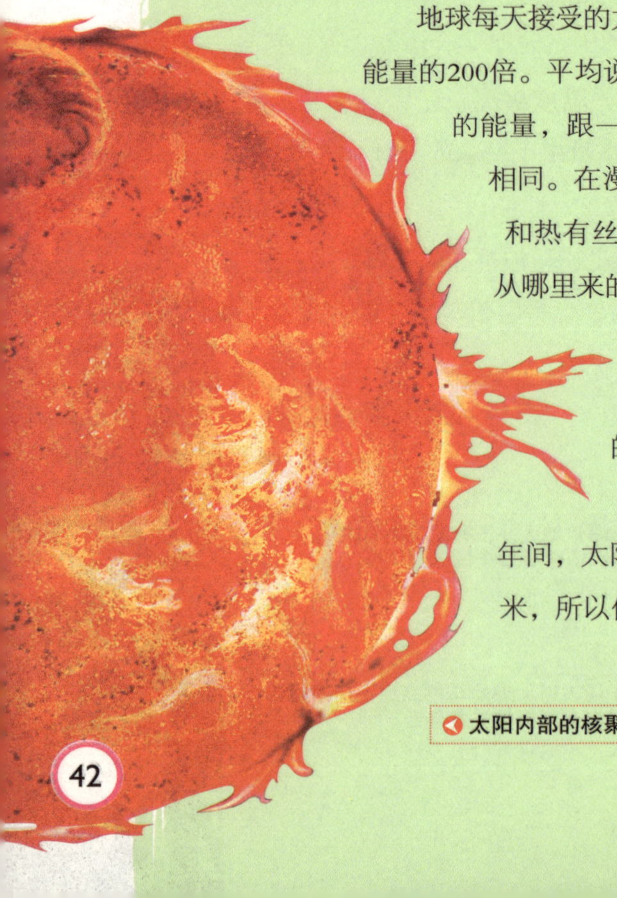

太阳内部的核聚变也许是产生巨大能量的原因。

缩过程中产生的。可是，有的科学家发现，照以上方法计算的话，太阳只够地球用2500万年，而地球上最古老的化石年龄已有38亿年了，因而太阳收缩并不是太阳释放能量的主要原因。

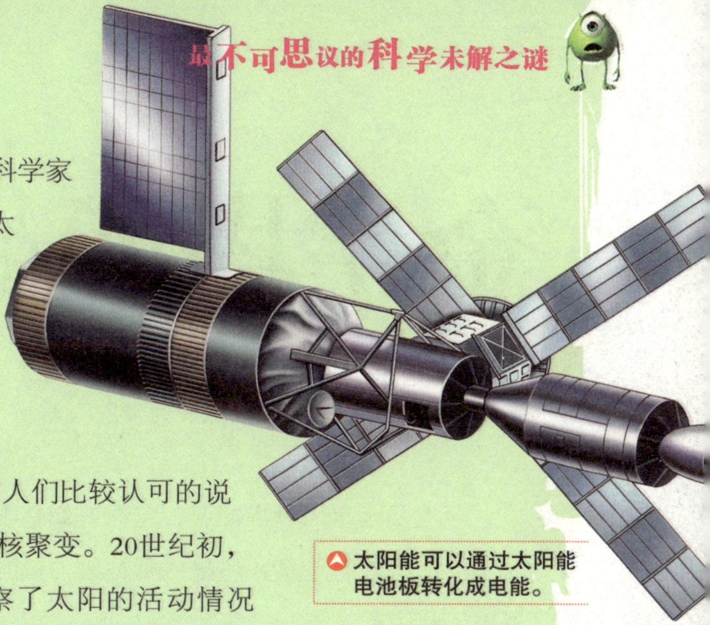

太阳能可以通过太阳能电池板转化成电能。

随着天文学的发展，目前人们比较认可的说法是太阳的能量源自其内部的核聚变。20世纪初，英国的天文学家爱丁顿在观察了太阳的活动情况后，推测太阳的巨大能量来自太阳上发生的亚原子粒子之间的相互作用。1929年，美国天文学家H. N. 拉塞尔运用光谱分析法证明太阳总体积的60％是氢。1938年，美国物理学家H. A. 贝蒂和德国天文学家魏扎克等人运用精密的光学仪器，证实了太阳的核心部分发生着氢的聚变反应。在太阳直径不到50万千米的核心部分，温度极高，压力极大，发生着热核反应：每4个氢原子核结合成1个氦原子核，同时释放出巨大的能量。这一过程足足可以进行100亿年。真是这样吗？为了彻底弄清太阳能量的来源问题，科学家仍需进一步探索。

科海探秘 Science

太阳能电池

在将太阳能转化成电能的过程中，最核心的装置就是太阳能电池。太阳能电池也称“光电池”，是一种把太阳能直接转变为电能的半导体元件，它直接影响着太阳能发电的前景。

太阳源源不断给地球提供能量，使一切变得美好。

金字塔能的奥秘

金字塔里的神秘力量引发了哪些现象？
金字塔内的神秘力量来自何处？

有人怀疑，金字塔内的神秘力量与这些神像有关。

埃及金字塔世界闻名，它在人们心中不仅是法老的陵墓，还是一种神秘力量的象征。

法国人鲍比最早发现金字塔具有神秘之力。他在进入大金字塔考察时，发现塔内温度十分高，但残留在塔内的生物遗体却没有腐烂变质。有的学者还发现，如果人长时间在塔内逗留，会精神失常。学者们认为这就是神秘之力在发生作用。那么，金字塔的神秘力量来自何处呢？

有的科学家认为，金字塔的结构是一个较好的微波谐振腔体。微波能量的加热效应可以杀菌，并且使尸体脱水，而在这个腔体中，可以充分发挥微波的作用。还有的科学家认为，任何建筑物都可以根据它们的外部形状吸收不同的宇宙波。金字塔内的花岗岩能吸收各种宇宙波并加以储存。而金字塔内所产生的那种神秘力量，正是宇宙波作用的结果。到底哪一种说法能揭开金字塔神秘力量之谜，相信随着科学的发展，将会大白于天下。

许多人认为，金字塔内有一种超自然的力量。

[第二章]

生命科学探奇

在地球上所有的生命中，人是最高级、最具智慧的，人的身体也是世界上最复杂的一台“机器”。到现在为止，关于人类生命还有许多谜没有解开。例如：生命起源于哪儿，人的体温为何是37℃，口吃由基因决定吗，人为什么会做梦……下面，让我们走进生命科学的世界，探索其中的奥秘吧！

寻找生命的起源

地球生命是怎样产生的?

生命来源于星际空间吗?

地球上的生命产生于何时何地?是怎样产生的?千百年来,人们一直试图破解这个谜。

有一种说法认为,原始生命是在原始地球上产生的。进化论学派生物学家认为,35 亿年前岩石形成时期的一种单细胞细菌是人类的祖先。这种原始生物的构造相当复杂:它拥有 DNA(脱氧核糖核酸)和 RNA(核糖核酸)两种基因,并由蛋白质、脂类和其他成分组成。人们怀疑在这种原始生物出现以前,另有一种构造更简单的生物存在。1953年,美国芝加哥大学研究生米勒的实验证明,早期地球上含有大量还原性的原始大气圈,因此生命的物质基础——氨基酸能从几种简单的化合物中得到,从而使生命的"地球产生说"几乎成了定论。但近 15 年的研究发

生命真的起源于星际空间吗?

现，原始大气不是还原性的，米勒的实验很难合成氨基酸。所以，“地球产生说”受到了质疑。

另一些科学家认为生命来自星际空间，其依据是在月球表面或火星的火山口，可以找到不少有机合成物。早在19世纪初，人们已在陨石上找到了有机分子，它们是有机合成物诞生的重要因素。因此持这种观点的人认为：地球生命来源于宇宙，陨石是载着生命种子的星际“飞船”。但有的科学家认为，这些星体上的有机物不可能有迁居地球的机会，因为它们降落到地球时产生的高温足以把整个海洋蒸干，令地球成为不毛之地，任何生物都无法在其上生存。

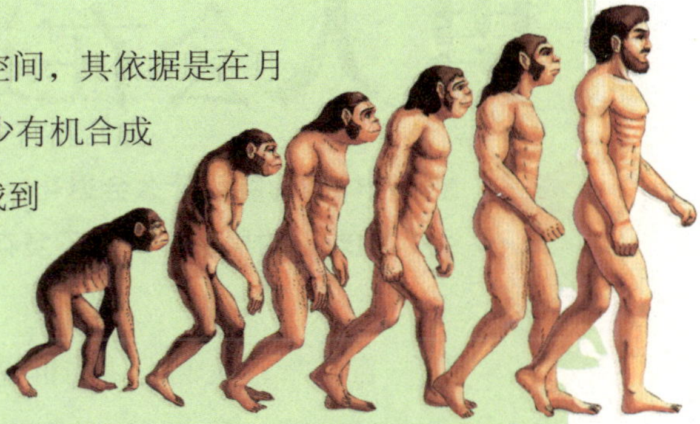
猿经历几百万年的时间进化成现代人，但在此之前又是如何进化的呢？

还有一些科学家认为，生命起源于彗星。一颗或几颗彗星掠过地球，留下的氨基酸形成了一种有机尘埃。在地球形成的早期，彗星也可能以这种方式将有机物质洒落在地球上——这就是地球上的生命之源。

众说纷纭，至今仍无定论。不过，相信随着科学的进一步发展，人类终将会解开这一谜团。

男人会在进化中毁灭吗

Y染色体的功能为什么会退化？
将来地球上的男性真的会不复存在吗？

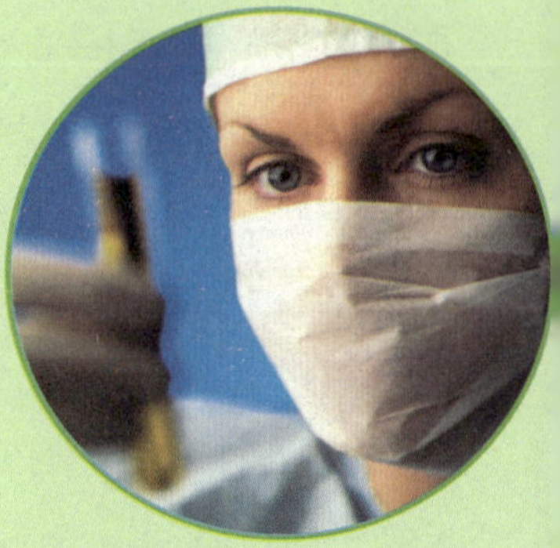

科学家能不能找到替代Y染色体功能的其他基因组？

一直以来，我们生活的世界由阴阳、雌雄、公母、男女形成了一种平衡。最近，英国科学家公布了一则惊人的消息：男人正逐步走向灭亡。这确实有点危言耸听。还是让我们先来了解这一结论是如何得出的吧。

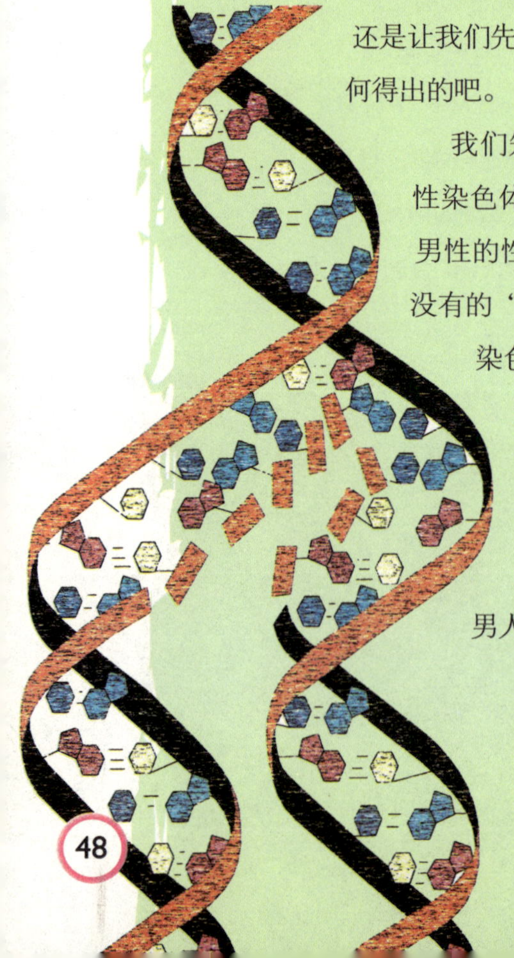

我们知道，男女性别是由性染色体决定的。女性的性染色体为“XX”染色体，男性的性染色体为“XY”染色体，男性体内有女性所没有的“Y”染色体。英国研究人员认为，人类原始的Y染色体包含约1500个基因，但是，在约3亿年的漫长进化过程中，Y染色体功能正逐渐退化。现在人类Y染色体掌管的基因数已经减少到40个左右，因此，他们大胆推测：500万年后，当Y染色体所掌管的遗传基因全部消失时，地球上的男人将不复存在。

研究人员还发现，基因突变是造成Y染色体功

染色体每复制一次，发生基因突变的可能性就大一点。

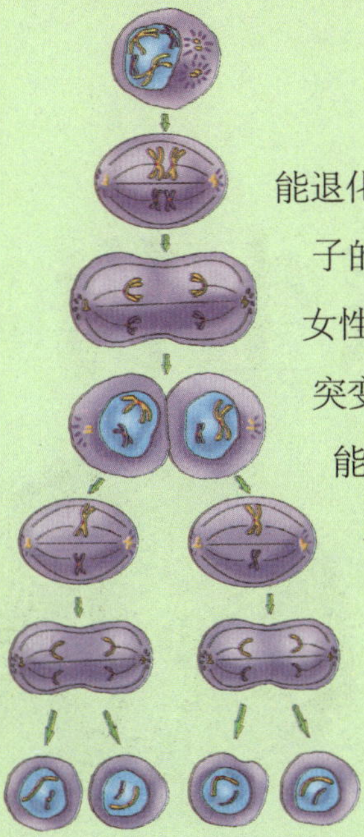

减数分裂过程中不发生DNA复制，所以染色体会减半。

能退化的一个重要原因。以一个30岁的男性为例，他的精子的遗传基因之所以会递减，是因为DNA复制次数比女性的卵子多350次，而染色体每复制一次，发生基因突变的可能性就大一点。基因突变会使新一代染色体不能百分之百地遗传上一代Y染色体的功能，这样过一段时间后，原始Y染色体的功能就不复存在了。

另有一项新的研究成果表明，男性在进化过程中，其染色体上的基因不仅容易受到伤害，而且特别容易失去功能。因为相对于女性而言，男性的Y染色体上的遗传信息一旦丢失，就不可能像女性的XX染色体那样可以由另一个X染色体上的资讯来补充。通过调查，科学家们还发现，有5%～15%的男性之所以患上不育症，正是因为Y染色体上许多基因部分或整体产生了缺失。

对此，有一些科学家持反对意见。他们认为，尽管Y染色体的功能会有所退化，但它不会彻底消亡。研究证明，Y染色体可以通过复制其他染色体上的遗传基因来补充自己的基因库。还有的科学家提出，人类也许会在将来找到替代Y染色体功能的其他基因组，人类在进化过程中总会找到更好的繁殖后代的方法。因此，现在就断言男人将在进化中毁灭，为时尚早。

科海探秘 Science

猴子能进化成人吗

现代的猴子已经不具备人类的祖先那样“单纯”的身体结构，并且发生了不可逆的生理形态上的变化，这就决定了猴子不可能走上人类曾经走过的道路，即现在的猴子不可能进化成人。

有没有外星智慧生物

火星上有智慧生命吗?
人类能不能找到其他智慧生物存在的证据?

想象画：外太空中的智慧生命

一直以来，人类都认为自己是宇宙间唯一的智慧生命。随着科学技术的进步，人们的眼界开阔了，才懂得宇宙的广大无边远远超越了我们的想象。

有人认为，智慧生物是天体演化的结果。智慧生物存在的条件是非常苛刻的：智慧生物应存在于有坚硬外壳、适当大气、合适温度和足够水源的行星上。有些科学家认为，符合这一智慧生物生存条件的行星，银河系中应有50万个。

自20世纪50年代以来，人类在不断地探索地球以外的智慧生物，这些探索主要有以下三种方法：第一，通过接收和研究来自太空的电磁波信号；第二，利用宇宙飞船携带地球信息到太空中；第三，主动向太空发射信号。

1996年8月，美国宇航局宣布，他们在一块火星陨石中发现了微生物化石的遗迹。这表明生命一直在这个红色星球上存在着，尽管那里的环境极为

想象画：外星人来访

严酷，生命却比我们想象的要顽强。据此，人们不仅在原子反应堆内部的原子燃料棒里发现了微生物，而且在完全没有光线的深海里也能找到它们。可以想象，在火星上这类生物有可能存活，它们也许被死死地封闭在10米厚的永久冻土层当中。这种永久冻土层存在于火星地表下面，它们可能已在火星悬浮的大气里存在了一个非常漫长的时期。不过，这仍然不能证明地外智慧生命真的存在。

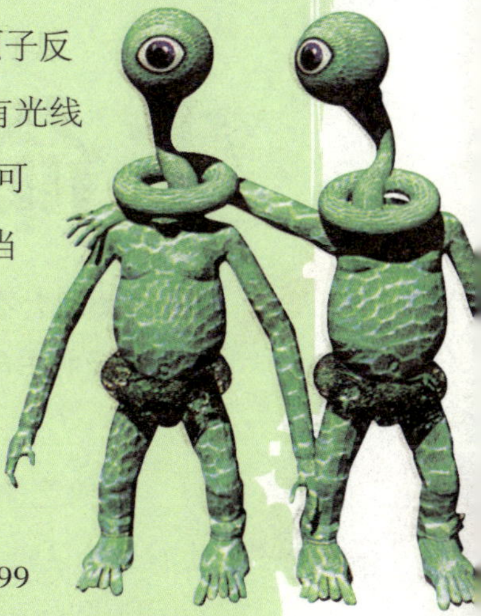

人类想象中的外星智慧生物

1984年，美国加利福尼亚州的著名天文学家肖斯泰克开展了旨在寻找外星智慧生命的“凤凰计划”。到1999年，肖斯泰克已经观测了大约500颗星体，仍然没有检测到地外文明的信息。肖斯泰克坚信有外星人存在，他认为任何外星生物的智力都要比人类发达，他们很可能不是一种生物体，而是生命的一种人工形式。

但是，迄今为止，人们仍然没有发现任何能证明人类之外的其他智慧生物存在的确凿证据。尽管如此，人类从未放弃对太阳系外生命的探索。

科海探秘 Science

有没有火星人

20世纪60年代，探测飞船飞上火星，解开了一直困扰人们的谜：火星比地球冷得多，表面到处是泥土石块，经常狂风大作，飞沙走石，上面没有任何生物，当然更没有火星人。

宇宙中是否存在人类之外的其他智慧生物？

生命素真的存在吗

生命素是什么？

如何证明生命素是否存在？

美国芝加哥的威格尔斯沃思医生曾做过一次有趣的试验：他用铅作衬里做了几个盒子，在每个盒子里都放上同样的土壤，再把这些盒子放到漆黑的酒窖里。这些盒子被分成两组，一组用一根根铜线将盒子与外面阳光下的金属相接，而另外一组盒子未与任何导体连接。最后，威格尔斯沃思在几个盒子里种上相同的稻种，以同样的方式照看。不久，连接了铜线的盒子里的稻种发芽了，而另一组盒子里的种子却很快烂掉了。

生物的生长真是因为“生命素”在起作用吗？

他依据这个试验推断：阳光并非生命必需的条件，生命需要一种东西，这种东西可能与阳光有关，也可能与阳光毫无关系，这种东西可以捕捉、滞留并且传递。这就是宇宙中的“生命素”。在试验中，生命素通过铜线进行传导，使稻种获得了生命。推而广之，任何生物的生长都是因为捕获了这种生命素的缘故。但是，有些科学家认为，现在下这个结论为时过早，生命素是否存在，还需要寻找更充分的证据。

如果存在生命素，那么对于万物的生长来说，阳光是否必需？

人类还会进化吗

人类的体质特征还会发生变化吗？
人类的进化趋势如何？

从猿到人，从四肢着地到两足直立行走，人类的诞生以及进化是一个漫长而曲折的过程。面对这样的现实，我们总有一个疑问：在未来的岁月里，人类还会进化吗？

长期以来，有许多科学家认为，晚期智人（大约距今3万年前）的体质特征同现代人基本相似，所以又被称为“解剖结构上的现代人”。进入全新世（约1万年前至今），人类的体质特征基本不再发生变化。从这个意义上说，人类已经止步不前了。

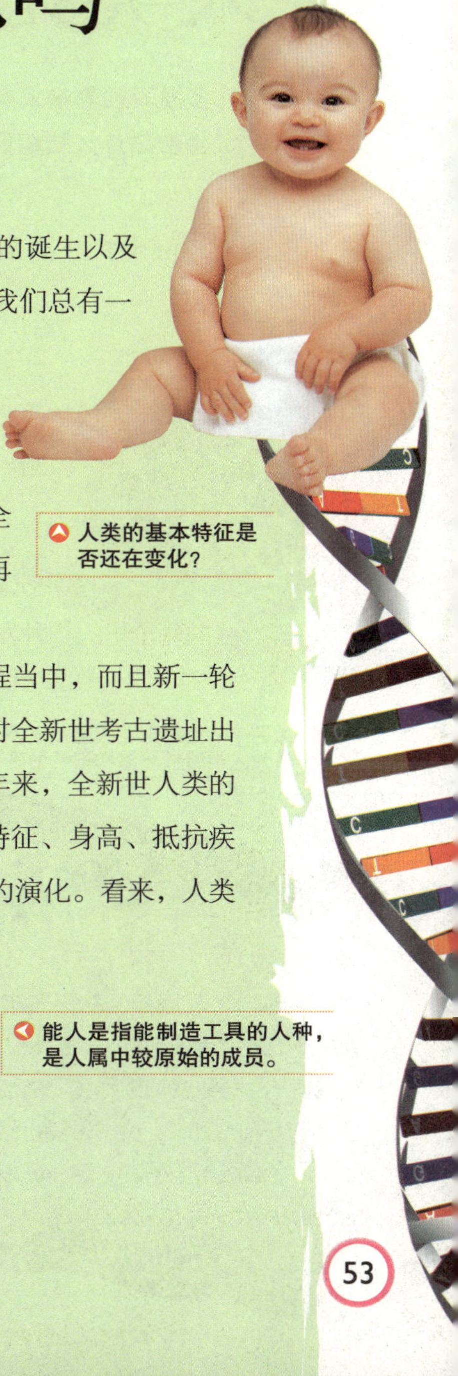

人类的基本特征是否还在变化？

但是，另一些科学家却认为人类仍在进化的进程当中，而且新一轮的自然选择会再度降临。近年来，国内外很多学者对全新世考古遗址出土的古代人群的遗骸进行了研究，结果发现，近万年来，全新世人类的体质特征仍在进化，他们在脑颅容量、头骨的形态特征、身高、抵抗疾病的能力、人种间的差异程度等方面都发生了微妙的演化。看来，人类到底会不会继续进化，目前尚无定论。

能人是指能制造工具的人种，是人属中较原始的成员。

人类记忆可以**移植**吗

多肽真能影响人类的记忆吗？
生物晶片大脑能否帮助人类实现记忆移植的梦想？

随着科技的发展，人类记忆究竟能否移植，成为科学家关注的焦点。

20世纪60年代，美国心理学家麦康纳迩用低级的扁形动物——涡虫做过一次记忆移植的试验。麦康纳迩用一束光照射一群涡虫，同时用电流刺激它们。时间一长，这些涡虫就形成了一种条件反射，每当它们看到光束，即使没有电流也会马上避开。麦康纳迩又将这些涡虫碾碎，喂给那些没有接受过训练的涡虫吃，奇怪的事发生了：那些从未经过训练的涡虫一看到光也马上避开了。这个试验说明：动物的记忆可以存在于某种物质之中。

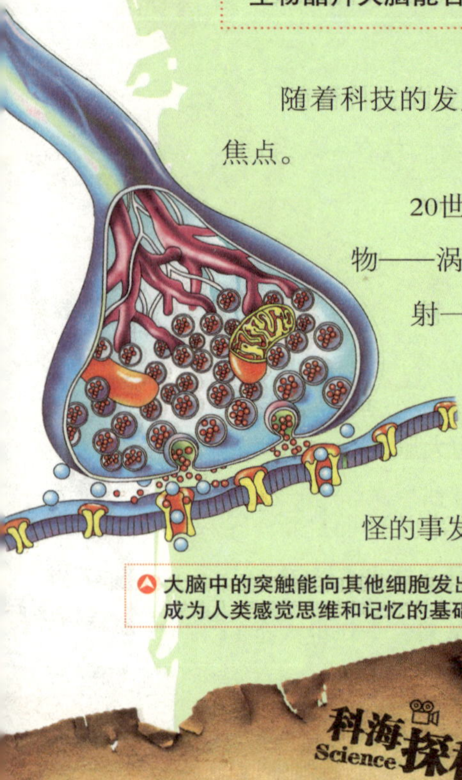

大脑中的突触能向其他细胞发出脉冲，成为人类感觉思维和记忆的基础。

为了弄清这种神秘物质的真实身份，科学家们又对比涡虫更高级的蜜蜂和老鼠进行试验，最后发现，这种化学物质类似于一种化学记忆密码，由细小的蛋白质分子——多肽组成。一旦这种化学物质发生转移，记忆也将随之转移。

移植记忆在小动物身上获得成功后，科学家便将目标转向了人类。动物

科海探秘 Science

大脑“舒氏区”

中国科学家舒斯云在研究老鼠脑皮层下的高级运动中枢——纹状体时，发现有一群纺锤状的细胞在它的边缘形成一个特殊的区域。这一区域和脑的学习、记忆功能密切相关。这一区域被国际权威专家称为“舒氏区”。

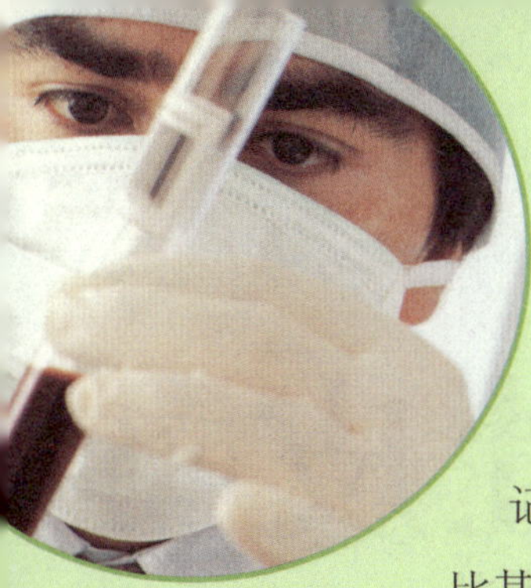

▲ 科学家正在给动物做记忆移植试验。

记忆移植的成功经验说明，如果把位于大脑中央部位管理记忆的海马体的所有脑质转移，那么记忆力也会随之转移。但是，人的记忆的移植，要比其他动物复杂得多。人脑中约有140亿个神经细胞，它们通过特殊的接触——突触向其他细胞发出脉冲，这些突触每秒钟能通过数百万个脉冲，这是人类感觉、思维和记忆的基础。人类的记忆过程，除了神经细胞的参与外，还有脑干不同部分的参与，因而记忆的产生也不仅仅是多肽在起作用。人类的记忆力主要取决于脑干的若干系统，而这些系统是相当复杂的。对于人的大脑，目前的医疗技术只能做一些修复和恢复的工作，离大脑的移植还有很长的路要走。

▶ 参与记忆的神经细胞

不过，有些科学家提出通过生物晶片大脑的研制来实现记忆的移植。这种生物晶片可以复制一个人大脑所储存的全部记忆信息，再将载有这些信息的生物晶片植入另一个人的大脑中。如果生物晶片与人的大脑驳接成功，记忆移植就算获得了成功。不过，这只是一种美好的设想，最终能否实现，还需要科学家们的努力。

▼ 假如人类的记忆能够移植，世界将会变成什么样呢？

部分记忆来自肚皮吗

肚子里是否存在"第二大脑"？
肚皮为什么会有记忆？

人的许多感觉都是从肚子里传出来的。

记忆，是人脑最为重要的功能之一，影响着一个人的理性决定。当我们说"记性不好"时，主要是指大脑的神经记忆不好。

首先让我们从大脑的神经记忆说起。神经记忆分为短期和长期两种。短期记忆只在大脑里保留数分钟，比如当我们听到一个新电话号码后，可以短期记住，直到把它写在纸上。不过，这种记忆的量极其有限，而且非常不牢靠。要使短期记忆转为长期记忆，就要依靠位于大脑颞叶深部的海马体。我们日常生活中的短期记忆都存储在海马体中，如果在短时间内一个记忆片段被重复提及的话，海马体就会将其存入大脑皮层，成为长期记忆。存入海马体的信息如果一

在我们的肚子里存在着复杂的神经网络。

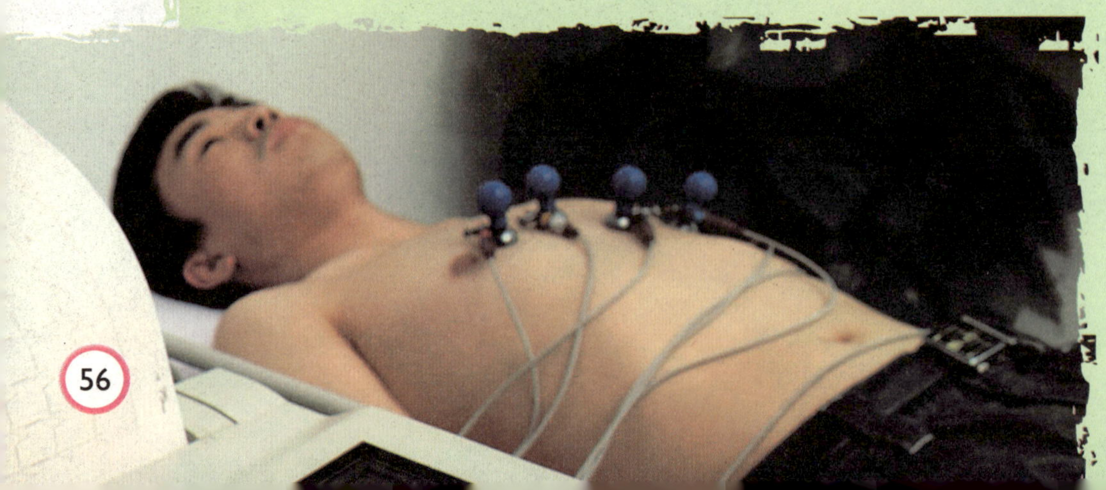

段时间没有被使用的话，就会被“删除”，也就是被忘掉了。

不过，也许记忆并非只是大脑的专利，人体中还有其他可以存储记忆的地方。最近，德国一些科学家在实验中发现，人类的许多感觉和知觉都是从肚子里传出来的，也就是说，记忆是由大脑与肚皮各自的记忆结合而成的。这太不可思议了，肚皮怎么会有记忆呢？

科学家在实验中发现，在我们的肚子里存在着人体的“第二大脑”——一个非常复杂的神经网络，也被称为“腹部大脑”，它拥有的神经细胞比骨髓里的还多。人体95％的神经传递物质——血清基都产生于腹部的“第二大脑”。这套神经系统的特别之处，就在于它能下意识地存储身体对所有心理过程的反应，而且每当需要时就能将这些信息及时调出并传给大脑。因此，有科学家认为，通过观察人的肚子能够了解人的思想。

这一说法引起了许多科学家的关注，他们开始将一些病症的起因归为“第二大脑”的神经系统没有发挥功能，例如神经性恐惧症和抑郁症等。不过，对于肚皮为什么会是一部分记忆的来源的问题，科学家仍在不懈地探究。

通常我们听到一个新的电话号码时，只能在短时间内记住。

科海探秘 Science

“左撇子”的记忆力

“左撇子”的记忆力高于其他人。这是因为“左撇子”是事态性记忆。事态性记忆要求大脑左右半球“通力合作”，而“左撇子”的优势就在于能够很好地调动两个大脑半球的活动，记住事件的细节。

“嗅觉大脑”之谜

“嗅觉大脑”是如何参与记忆的？
“嗅觉大脑”功能区的生理机制是什么？

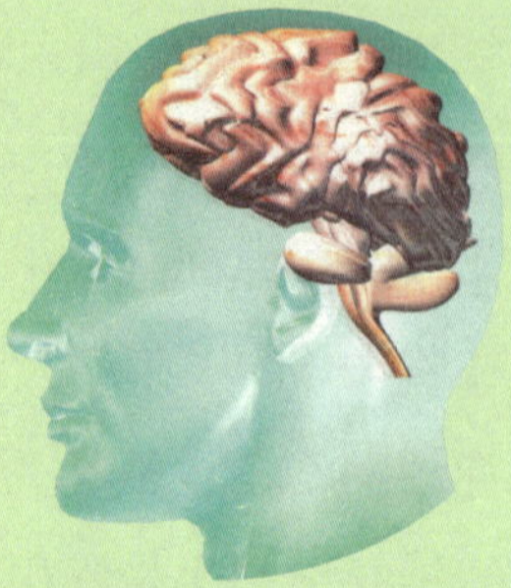

在人脑的海马体附近，存在“嗅觉大脑”功能区。

最近，德国科学家在实验中发现，人体内有一块控制嗅觉的功能区与记忆密切相关。大多数科学家认为这一发现或许能对解开人类的记忆之谜有所帮助。

科学家发现，一些癫痫患者做完脑部灶切除手术后会出现记忆受损的症状。在实验中，科学家将测量电极放在病人脑部海马体的附近，同时让病人识记一些没有关联的词语，并记录下病人识记这些词语时脑部的活动。通过对测量数据的对比，科学家发现，当被测试的病人看见一个词语时，总是嗅觉功能区里的神经元先活动，随后海马体的神经元才开始活动。而且，只有当海马体与嗅觉区的神经元活动达到绝对同步时，病人才能完全记住给出的词语；一旦这两个功能区的神经元活动不同步，病人就无法记住给出的词语。这说明，大脑除了海马体，还有一处被称为“嗅觉大脑”的区域也参与了记忆过程。

那么，“嗅觉大脑”功能区的生理机制是什么？为什么它能够参与记忆？对此，目前科学家仍无答案。

嗅觉能唤起人的某种记忆。

语言“切换”的奥秘

不同的语言在大脑中是如何进行“切换”的？
不同的发音规则决定了语言的“切换”吗？

有些人能熟练地掌握几门外语。

许多人除了自己的母语之外，还熟练地掌握了几门外语。一直以来，人们都认为可能是大脑的不同功能区分别控制着不同的语言，才使得人们在各种语言间“切换”时不会混淆。但最近德国科学家蒙特宣称：语言“切换”的奥秘在于各种语言的不同发音规则，这些规则如同一个“过滤器”，使说话者可以分辨出不同语言，进而自如“切换”。

蒙特带领研究小组做了以下测试：挑选能够熟练掌握西班牙语和加泰罗尼亚语（西班牙东北地区语言）或其一的人作为研究对象，要求他们对以上两种语言的词汇和故意编造的“伪词汇”进行辨别。测试发现，只会一门语言的人在辨别时，采用直接从单词联系到其含义的方法；而双语受试者总是先确定某个词所属的语言种类，然后才反应出其含义。因而他认为，各种语言在脑部属于同一脑部功能区管理，语言的发音规则才是控制其识别过程的关键。

不过，蒙特的观点并没有得到大多数科学家的认同。看来，要破解语言“切换”的密码，仍需继续努力。

掌握不同语言的发音规则，说话者就可以在不同的语言间自如“切换”。

人的体温为何是37℃

37℃的体温是人类长期适应气候的结果吗？
人保持37℃的体温具有什么优势？

人体的温度总是维持在37℃左右。

大千世界，芸芸众生，每个人的长相、身高、肤色、性格千差万别，不过，在体温方面，大家都非常接近，大都在37℃左右。

严格地说，37℃是一个平均值，人体各部位的温度会略有差别。例如，皮肤的温度通常比体内的温度低3～4℃；口腔的温度比肛门的温度低1℃；人体内最接近平均温度的器官是肝脏，其温度在38℃上下。此外，人体的新陈代谢与血液循环等的变化，也会使体温发生变化。一天中，人的体温最高时是下午，一般比夜间最低的温度高出将近1℃。所以，37℃仅是人全天体温的平均值。另外，人类的体温还有能够维持基本恒定的特性，体温只要与正常值有0.5℃的变化，人就会感到不舒服，因此，体温是人类健康的晴雨表。那么，为何人类的

尽管人与人之间有着长相、性别等的不同，但体温都在37℃左右。

体温要确定在37℃呢?

有些科学家认为，根据热传导的机理，人类的体温之所以设定在37℃，是人类的祖先长期适应自然环境的一种选择。200多万年以前，人类刚刚在非洲大地上诞生，当时白天的平均气温在25℃以下。要在这种天气下进行打猎、采集等活动，人类的体温必须超过35℃，新陈代谢时的散热活动才能顺利进行。研究人员将正常活动时身体的产热率与在四周温度稍微高于37℃时的产热率进行比较，发现这两种速率全都随体温而改变，当周围的温度为37℃时，它们大约相等，也就是说，此时身体得到热的速率与散发热的速率相等。由于这一优势，这个温度就被我们的祖先选定了。

体温是人类健康的晴雨表。

然而，对气候的适应，似乎只是人类的体温保持在37℃的一小部分理由。只要比较一下哺乳类和鸟类就会明白，这一温度产生的原因恐怕不只如此。因为鸟类和哺乳类各自拥有非常不同的进化史，在进化过程中面对的气候、环境肯定各有不同，可是鸟类和哺乳类的体温大多是恒定的，因此人的体温为什么是37℃，原因恐怕还很复杂。

与人类能维持恒定的体温不同，青蛙是一种变温动物。

科海探秘 Science

冷血动物

冷血动物指体温随着外界温度的改变而改变的动物。地球上的动物大部分都是冷血动物，如鱼、蛇等。由于体内所产生的内热较少，这类动物的体温会比在水中时高。

人为什么要**睡觉**

人类为了消除身体疲劳才睡觉吗？
睡眠是不是人的一种本能？

在人的一生中，约三分之一的时间是在睡眠中度过的。那么，人为什么要睡觉呢？

有的科学家认为：睡觉是为了消除身体的疲劳，弥补一天劳累的耗损。其依据是：在睡眠的最初数小时内，大脑基底部的腺垂体会释放出大量的生长激素，这种生长激素能促进体内蛋白质的代谢，从而促进体内组织的生长和修复。

而以美国的哈特曼教授为代表的科学家则认为，睡觉有消除身体疲劳和精神疲劳两个功能。哈特曼曾将每晚只睡4小时的短睡眠者与每晚要睡8～9小时的长睡眠者进行比较，结果发现两者在生理上没有什么差异，可是各自的心理状态却有很大区别。

还有一种观点认为，人的睡眠根本没有恢复体力的作用，仅仅是人们打发黑夜的本能行为。

以上几种观点究竟孰是孰非，目前仍无定论。

人们进行各种活动的时间跟体内生物钟有很大的关系。

人体内有没有“瞌睡虫”

人为什么会打瞌睡？
“睡眠素”是否存在？

还记得我国古典文学名著《西游记》中的孙悟空吗？他除了有七十二般变化，能腾云驾雾之外，还有一样很特别的本事——能用“瞌睡虫”催眠。这当然只是虚构的情节，不过，近年来，科学家正努力探究人体内是否存在“瞌睡虫”。

有一些科学家认为，人的一切活动都是在大脑这个司令部的指挥下，通过遍布全身的神经传递信息进行的。脑细胞在消耗大量能量之后，就会出现疲劳，从兴奋状态进入抑制状态，这样人就开始瞌睡了。但是，是什么物质使脑细胞进入抑制状态的呢？

还有一些科学家认为，人在醒着时，就在逐渐积累一种具有催眠作用的特殊物质，当积累到一定量的时候，这种物质就会催人入睡。他们把这种物质称为“睡眠素”。这种物质是否真的存在？如果存在，它们又是怎么起作用的？目前仍无定论。

人体内是否有一种催人入眠的特殊物质？

人可以返老还童吗

服用激素能使人"长生不老"吗?
为什么有些老年人身上会出现"返老还童"的现象?

服用一些激素，可以延缓衰老。

从古至今，"返老还童"一直都是人们，特别是老年人的梦想。近年来，我们耳边总能听到"七旬老太太长新牙""八十老汉长出黑发和青春痘"等奇闻。在现实生活中，确实在一些老年人身上出现过这些现象。

我们知道，人的衰老是人体中呼吸系统、心血管系统、内分泌系统、神经系统等整体衰老的过程，所以，由衰老引起的身体结构的变化，是无法逆转的。那么，上文中提到的"返老还童"现象，究竟是人们一厢情愿的想象，还是确有其事?

科学家认为，我们虽然看到了某些"返老还童"的现象，但是由于条件不齐备无法研究，因此其机理不是很清楚，只能猜测和人的心情、饮食、内分泌的变化有关。也有可能他们采取了某些延缓衰老的方法，比如服用激素，通过人为的外力推动，让某个系统得到一些改变，但很难说这对整体的影响有多大，也很难说这是不是真正的返老还童，因而人能否返老还童，还是未知数。

有人认为，某些"返老还童"现象可能跟人的心情有关。

神奇的“生命钥匙”

酶是如何影响人体内的化学反应的?
酶的神奇功能从何而来?

有了酶，人体才能够顺利进行化学反应。

生物学家告诉我们：人体就像一个庞大的“化学工厂”，时时刻刻都在进行着各种不同的化学反应。这些化学反应特别复杂，进行的速度也特别快。不过，这些化学反应就像一把“锁”一样，需要一把对应的“钥匙”才能打开，不然的话，化学反应就无法进行，生命活动也就会随之停止。这把神奇的“生命钥匙”就是酶。

之所以说酶神奇，是因为它的催化作用高度专一，一种酶只能催化一种（或一类）化学反应。目前，人体内已经发现的酶有近千种。另外，酶的催化效率也比一般催化剂要高得多。在常温常压及酸碱度中性的条件下，酶比一般催化剂的效率高$10^6 \sim 10^{12}$倍。如果人体内酶缺乏或不足，就会影响某种生物化学反应，发生代谢紊乱，并可能引发疾病。

对于酶为什么会具有特殊的催化作用，至今没有人能圆满地解答。

我们吃东西时，消化酶会分解食物。

口吃由基因决定吗

口吃是怎么引起的？
口吃会不会遗传？

▲口吃者讲话通常不流畅。

口吃又称为结巴，是常见的一种语言障碍，主要表现为讲话不流畅、阻塞和重复，尤其在儿童身上比较常见。一直以来，人们都试图找出口吃的发病原因，科学家还提出了多种理论来解释口吃的原因。在这些理论中，有一种认为口吃可能是遗传因素造成的。事实果真如此吗？

研究人员在调查中发现，在被调查者中，大约有一半的口吃患者至少有一位被相同病症折磨着的亲人。他们对这些患者及其家庭成员的基因进行分析，最终认为，口吃是通过基因遗传下来的。

目前，通过一些复杂的遗传研究手段，科学家已经初步确定造成口吃的基因。美国的科学家尼科林·安布

◀口吃通常发生在儿童身上。

▼基因疗法中的染色体分析影像

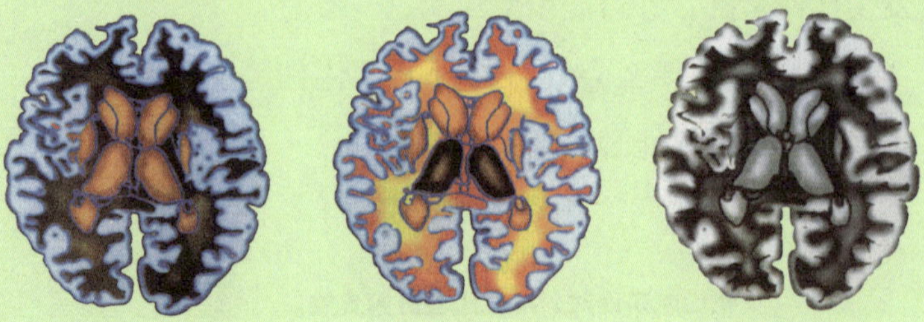

罗斯发现，人体内一个主要的基因和另外一些不太重要的基因引发口吃。这项研究成果一公布，就引起了众多科学家的兴趣。不久后，美国的另一位科学家南希·考克斯也试图从遗传基因方面入手，解释造成口吃的原因。

考克斯和她的课题组对居住在南达科他州农村地区的一个宗教部落进行了大量的DNA检测。由于这个地方与世隔绝，长期闭塞，部落中的人极少受到外部的影响，因此他们的基因库相对不易发生突变，这就为DNA检测提供了较为难得的机会。DNA检测结果令考克斯异常兴奋：通过大量的数据分析，在这些人的人体基因库中共发现了3处可能与口吃有关的基因位点。她推测，口吃病症痊愈的孩子可能与那些终生都口吃的人有着不同的基因，如果这种基因得到确认，那么口吃病症就能像其他疾病一样得到及时的治疗。随后，她决定对那些在成长过程中逐渐克服了口吃病症的孩子进行研究，希望从中找出可能与口吃有关的DNA片段。但由于这种基因目前没有得到确认，因此，口吃可能由基因决定只是一种推测，最终结果如何，让我们拭目以待。

研究人员正在分析口吃患者的基因。

科海探秘 Science

口吃产生的原因

有人认为，口吃不是一种简单的语言障碍，而是生理和心理方面的一种复杂的功能紊乱。生理原因即遗传或某种脑功能障碍，而心理原因多指精神紧张、焦虑、应激等。

奇异的显微镜眼

人的眼睛怎么会具有显微镜的功能呢？
为什么有些人的眼睛有神奇功能？

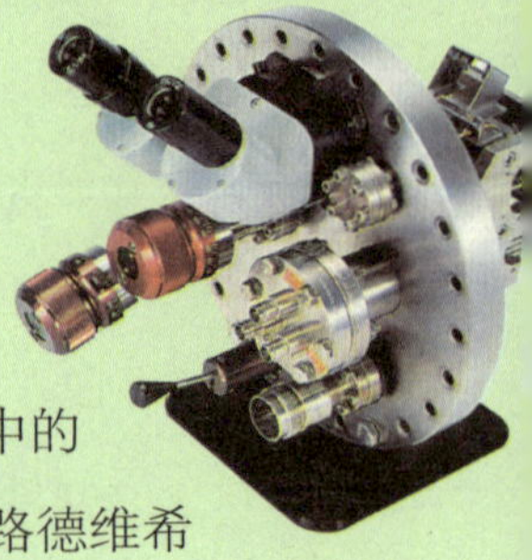

许多人都希望自己有一双像显微镜一样的眼睛，让这个世界中的一切纤毫毕见。据说，在德国的路德维希堡市，有一位名叫维罗尼卡的女医生，她的眼睛就像显微镜一样，能把物体放大几百倍。她能把一部32万字的长篇巨著，抄录在一张普通的明信片上，由于她是用铅笔誊写的，所以每写两个字就得把铅笔精心削一遍。

维罗尼卡这双得天独厚的眼睛，对她从事的医生职业大有好处，她可以轻而易举地发现病人口腔里的细微病变。但能放大物体的肉眼，也给她的生活带来了很多不便。例如：纸张上肉眼看不见的纤维会阻挡她的视线，妨碍她阅读书籍和报纸杂志；她也无法看彩色电视，因为她看到的不是一幅幅美丽的画面，而是五颜六色的星星点点。现在，她正致力于编撰微型书籍。专家们称这位女医生的眼睛为“活的显微镜眼”，可是对于她这种特殊能力是如何获得的，专家们暂时还无法解释。

一般人的眼睛并不具备显微镜那种放大微小物体的功能。

移植心脏会改变性格吗

性格会随心脏一起移植吗？
为什么有些人植入别人的心脏后会性情大变？

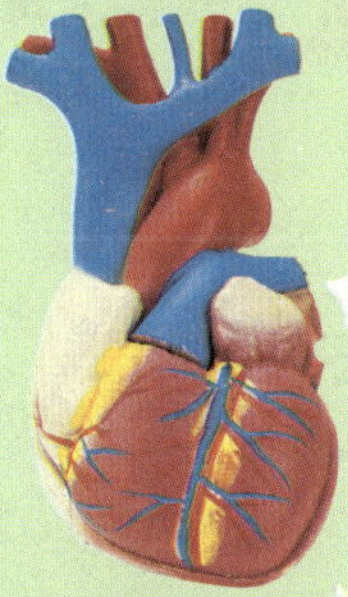

有专家认为，心脏里贮存着支配大脑的信息。

我们知道，保存人类记忆的应该是人的大脑皮层而不是心脏，可是，据统计，自从第一例心脏移植手术成功以来，每10例接受移植手术的病人中，就有1例会出现性格改变的现象。这纯粹是一种巧合，还是说原主人的性格会随着心脏一起移植到新主人身上？

美国生理学家波尔·皮尔索尔经过长期的研究，在他的《心脏代码》一书中，列举了多个例子，说明自己的观点：心脏里贮存着支配大脑的信息，所以心脏一旦植入别人的身体，便开始指挥新的主人，改变他的性格和习惯。

然而，大多数科学家认为皮尔索尔的说法并不科学。他们分析，造成患者心脏移植后性格改变的原因有两个：一是患者手术前长期处在病痛折磨中，身体和心理都受到了很大的影响，情绪上会有一些变化；一是由于患者服用一些抗排异药，对脑神经产生了一些影响。

移植心脏时到底会不会将人的性格一起移植，目前科学家仍在探究之中。

移植心脏后，原本乐观开朗的性格会发生怎样的变化？

为何会有连体人

连体人真是"不祥之兆"吗?
连体人是怎么形成的?

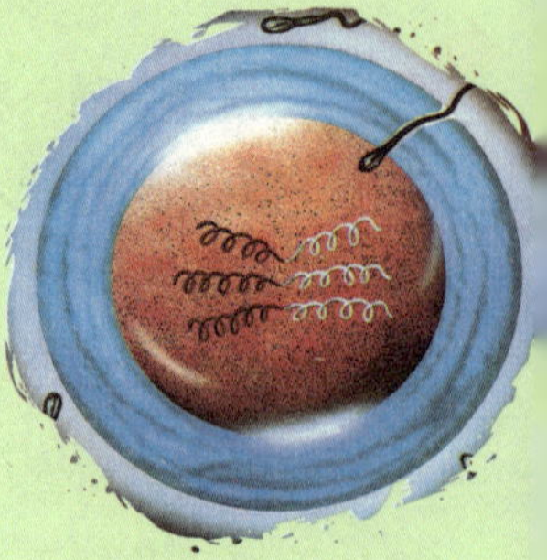

正在形成的受精卵

自古以来，连体人一直是人们关注的焦点。在一些人的眼里，连体人简直就是怪物的代名词。一些思想迷信的人，还把连体人的出现看成是"不祥之兆"。

其实，连体人是胚胎发育上的错误，与天灾人祸毫不相干。通常，一个妇女每月只排出一个成熟的卵子，这个卵子与一个精子结合，形成了受精卵，再由这个受精卵发育成一个胎儿。可是，有时候一个受精卵也会发育成两个或更多的胎儿，或者两个精子钻进了一个卵子中，并分别发育起来。在这种情况下，就极有可能形成连体胎儿。可是，对于连体胎儿在这个阶段具体是如何形成的，专家们也有着较大的分歧。

一种说法认为，受孕后21天左右，受精卵在分裂成两个完整胚胎的过程中，由于受到某种因素的影响分裂得不完全，于是出现连体胎儿。另一种说法认为，受精卵的分裂是完全的，但由于某种因素又导致了部分融合，形成连体胎儿。还有一种说法认为，环境因素的日益恶化，干扰了生物体的内分泌，从而形成连体胎儿。

到底哪一种说法更科学呢？至今没有定论。

当一个受精卵发育成两个或更多的胎儿时，就有可能形成连体胎儿。

地球上发现的新生命

地球上的微生物是怎么形成的？
地球上的微生物是否与“外星生命”有关？

1980年，科学家在大海深处的热泉喷口发现了大量的微生物，它们依靠洋底裂缝中不断上升的热浪携带的能量维持生命。后来，人们发现在离陆地数百米甚至数千米的深处也存在着这样的微生物。

随后，世界上的许多地方都证实了地下深处微生物的存在，甚至在地壳30多米的深处也有微生物存在。地壳30多米的深处已经有35亿年的历史了，虽然新形成的地壳温度比老地壳温度低了很多，但是老地壳的温度却有90℃。专家们证实，这些微生物是无法在地表培养出来的。

这些微生物的发现扩大了生物学家为生命界定的范围。美国的一些专家认为，这种生命形态可能存在于宇宙中的许多星体上，而地球上的这些生命形态只不过是宇宙生命形态的一个小分支。这些微生物里到底深藏着怎样的秘密？它们是否与“外星生命”有关？这些问题都有待科学家进一步研究。

许多星体上都可能存在着微生物。

人类和黑猩猩的基因组

人类和黑猩猩的基因组有哪些差异？
人类和黑猩猩的基因组为什么会有差异？

大约从600万年前开始，人类和黑猩猩走上了不同的进化道路。作为生物界与人类最接近的“亲戚”，黑猩猩和人类的差别到底有多大呢？目前，科学家们已经开始研究这个问题。

黑猩猩与人类基因组的相似程度极高。

科研人员对黑猩猩的基因组序列进行分析，并将它与人类的基因组序列进行比较，结果发现，黑猩猩和人类在基因上的相似程度在96%以上。科学家认为，人类和黑猩猩由共同的祖先分别进化后，其蛋白质只经历过一次主要的变化，两者之间的差异只相当于任意两个不同的人之间基因组差异的10倍。科学家表示，对黑猩猩完整基因组的分析将有利于人类医学的研究，从黑猩猩和人类的基因组的差异入手可以探究人类疾病背后的生物本质。那么，黑猩猩和人类在基因组上具体存在哪些方面的差异呢？

由于人类与黑猩猩分化后所遇到的自然选择的压力不同，因而各自的基因变化途径

突变基因影响了人体内与语言相关的基因。

也并不相同，当然也就产生了明显的基因差异。

进一步研究表明，在人类与黑猩猩基因组的约30亿个DNA碱基对中，有差异的为3500万对。而这3500万对有差异的DNA碱基又导致了500万个有差异的位点，从而形成总数为4000万个DNA的序列差异。

此外，人类的一些基因比黑猩猩同样的基因变异得要快，其中最突出的是负责“管理”胚胎发育的编码转录因子的基因。此外，人类还有黑猩猩所不具备的50个基因，其中有3个与炎症反应相关。但黑猩猩也拥有人类所不具备的1个基因，这个基因的意义非同一般，它能够保护大脑不受早老性痴呆症的侵袭。

科学家们还发现，人类基因组的突变基因具有明显的竞争优势，这一优势使这些突变基因变成了正常基因，从而影响了与语言相关的基因。

不过，上述比较只是初步的，要完全弄明白两者之间的差异以及这些差异形成的原因，人类还有一段很长的路要走。

黑猩猩拥有人类不具备的基因，能保护其大脑。

人类拥有黑猩猩所不具备的50个基因。

科海探秘 Science

人类的嗅觉基因

同其他哺乳动物一样，人类基因组也有大约1000个基因是用来编码察觉气味的蛋白质的，也就是嗅觉受体。但这些基因中有超过一半不工作，因而人的嗅觉普遍不如其他哺乳动物。

死亡村村民猝死疑云

克山病是导致村民连续猝死的原因吗？
“死亡村”的水源为什么会有病毒？

专家在当地的水源中发现了致人死命的病毒。

在我国云南省思茅市的哀牢山区，有一个彝族村寨。自20世纪90年代起，这个原本恬静的小村寨竟然成了令人恐怖的地方，许多人在没有任何征兆的情况下突然死亡，几年下来，这个小村寨成了闻名四方的“死亡村”。

起初，有些专家认为可能是慢性克山病导致村民连续猝死，因为这个山区曾经有过该病爆发的历史。但也有专家否定了这种说法，其依据是在死者身上并不存在克山病的最重要的证据之一——硒元素。

接着，专家组经过对尸体解剖，认为可能是因柯萨奇B组病毒的感染而造成病毒性心肌炎。经过艰难的找寻，专家最终在水源中找到了柯萨奇B组病毒。

但新的疑问又随之产生了。为什么与这个小村寨相邻的两个村庄，村民们都饮用同一个水源，却从没有发生类似的猝死事件呢？目前，许多专家仍然频频出入那个令人恐惧的地方，试图拨开村民离奇猝死的迷雾。

哀牢山区的彝族小村寨，原本也和这里一样秀丽。

生命可以“冻存”吗

为什么有些人会“死而复生”？
“人体冻存”能不能让人“死而复生”？

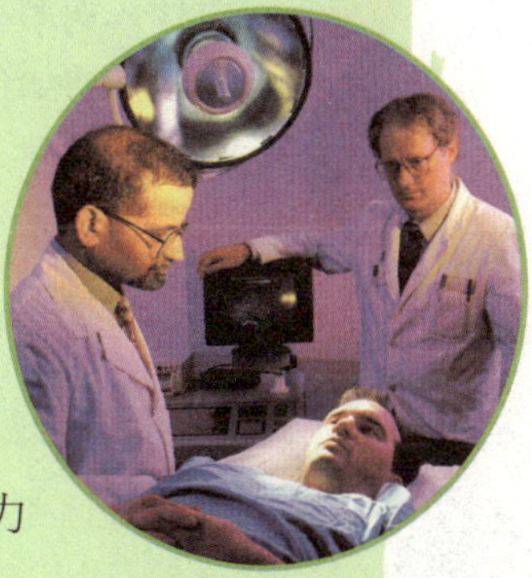

医务人员正在做“冻存”实验。

据说，有一支登山队在阿尔卑斯山附近的冰层里发现一具栩栩如生的法国士兵的尸体，登山队员将这具尸体送到马赛城的医学研究所。经过专家细致、慎重地解冻，奇迹出现了：那具尸体复活了。原来，他叫菲力普，22岁时成为法国步兵团的士兵，在1917年的一次急行军中，他不慎被冰层覆盖。不久，菲力普康复了。他的体重、行动、面貌跟22岁时毫无二致。

类似的事例在世界上还有不少。这是怎么回事呢？科学家认为，在菲力普的心脏停止跳动后，他的脑还没有发生不可逆转的死亡，因而冷冻69年后，可以再度“复生”。他们据此认为可以通过“生命冻存”的方式，让人“死（假死）”而“复生”。但有科学家认为，这种“复生”带有很大的偶然性，目前的“生命冻存”只能看做一种探索性的工作，最后能否实现“复生”，还未可知。

阿尔卑斯山的厚厚冰层曾经将菲力普“冻存”69年吗？

克隆能对付禽流感吗

为什么说禽流感将成为人类面临的“最重要的威胁”？
科学家将如何利用克隆技术对付禽流感？

在今天，禽流感已经成为威胁人类健康的重大疾病之一。有专家甚至认为，它将是目前人类面临的“最重要的威胁”。

禽流感是由禽流感病毒引起的一种急性传染病，目前在世界上许多国家和地区都有发生，给养禽业造成了巨大的经济损失。禽流感最早发现于1878年。这一年，意大利发生鸡群大量死亡现象，当时称为“鸡瘟”。1955年，科学家证实这种病的致病病毒为甲型流感病毒A（H5N1）。后来，这种疾病被更名为“禽流感”。

禽流感主要在野生鸟类中间传播，随着鸟类的迁徙而在世界范围内传播，随之家禽也受到禽流感病毒的感染。另外，禽流感偶尔也会感染人，发病时症状与人类流行性感冒相似，但人禽流感症状重、并发症多、病死率高，与普通流感有一定区别。禽流感被发现100多年来，人类并没有掌握特异性的预防和治疗方法，仅能以消毒、隔离、大量宰杀禽畜的方法防止其蔓延。

禽流感主要在鸡类家禽里传播。

禽流感最早是在野生鸟类中间传播。

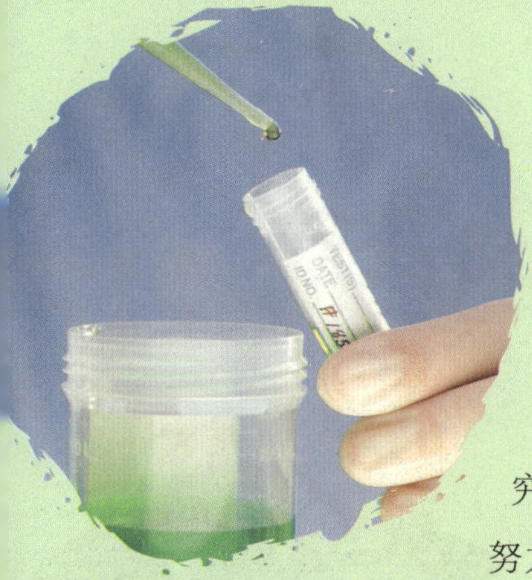

向细胞中添加DNA，可防止禽流感病毒感染。

最近，英国科学家们提出运用克隆的方法培育出具有抵抗禽流感病毒基因的家禽新品种，以此达到全面消除禽流感带来的威胁的目的。目前，爱丁堡罗斯林研究所的研究人员正在努力实现这一设想。

科学家在实验中发现，通过向细胞中添加少量的DNA，就能成功地防止禽流感病毒的感染。罗斯林研究所的项目负责人海伦·桑教授表示，对于目前日趋明显的禽流感病毒的威胁，培育新鸡种是一个长远的解决方案。一旦基因物质移植到新鸡种体内，将测试其抵抗禽流感病毒的能力，最终决定其效果。科学家们相信，4～5年后，具有抵抗禽流感病毒能力的鸡就能被大量饲养，逐渐取代目前世界范围内所养的鸡，这样就可以有效地消除禽流感了。

这个目标能否实现，我们不得而知，而且，即使真的能在4～5年内实现，对于目前世界家禽养殖农场所面临的禽流感危机来说，这个时间是不是太长了呢？

科海探秘 Science

禽流感与人类流感

不少科学家认为，人类流感病毒是由禽流感病毒演变而来的。他们认为，造成人类流感大流行的甲型流感病毒新亚型毒株，是直接或间接由人流感病毒与禽流感病毒基因重组演变而来的。

银发婴儿的奥秘

婴儿为什么会长银发？
婴儿长满白发是遗传导致的吗？

毛发是从皮肤真皮层的毛囊中长出来的。

老年人满头银发是很正常的，可是如果刚生下来的婴儿长了一头白发，就让人大惑不解了。传说中国古代著名的思想家老子，生下来的时候就是满头银发。也许有人认为，传说不足为信，可是，现实中确实有初生时满头银发的婴儿。

1986年10月，在江苏省泰兴市的一家医院里，有一位农妇生下了一个银发婴儿，婴儿的头发洁白发亮，眉毛、汗毛也是白的，不过，身体发育很正常。1987年，河南省洛阳市也有一位产妇生下一个银发男婴。这个男婴的头发、眉毛全是雪白的，就像年画里的老寿星，可周身的肤色却非常正常。对于婴儿为什么会长银发，有医生认为，可能是由于"代谢性色素减少"造成的；还有医生认为，可能是遗传因素所致，但他们无法解释导致遗传的原因。因而，这些婴儿的银发是怎么产生的，至今仍是谜。

除了长有雪白的毛发外，银发婴儿与普通婴儿无异。

一夜白头的真相

为什么有些人会一夜白头？
一夜白头是心理因素造成的吗？

1982年，美国一位33岁的男子得了一场怪病：每过一夜，他的头发就变白一块，几天后，连眉毛、睫毛、胡子都变白了。其实，像这样一夜变白头的事例在很早以前就出现过，我国古代就有伍子胥过昭关时一夜白头的传说。另外，根据医学史的记载，近100年来，世界上已经有20多个一夜白头的事例了。

黑色素数量的多少，决定了头发颜色的深浅。

我们知道，在头发的生长过程中，有一定的黑色素沉积在里面，黑色素数量的多少，决定了毛发颜色的深浅。人只有到了老年，黑色素逐渐减少，头发才会变成灰色或白色的。那么，一夜白头究竟是怎么回事呢？

有些人认为，这可能是由于有的人精神过度紧张，压迫黑色素系统，同时肾上腺分泌对人体不利的物质，使毛发产生白色素并大量死亡，结果头发一夜就白了。但这种说法并没有得到科学验证，因而一夜白头的真正原因，仍在探究之中。

毛发根部的毛球和毛囊内含有黑色素细胞，它们能合成使头发变黑的黑色素颗粒。

揭秘夺命睡眠

睡眠怎么会夺命？
“睡病”是什么引起的？

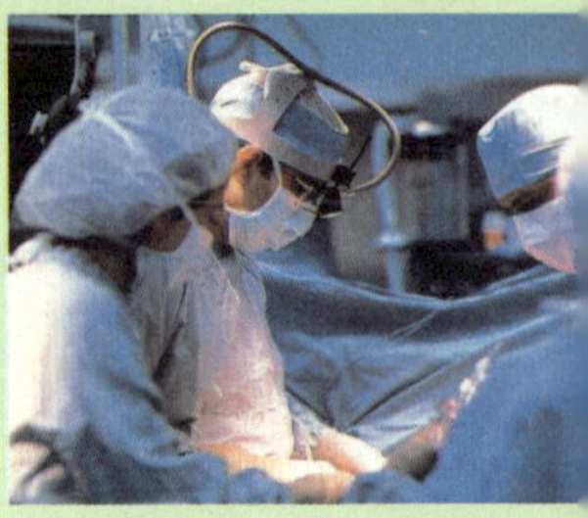
医生能找到发作性睡眠的病因吗？

睡眠对于人类来说太重要了。一般情况下，我们都会找一个比较舒适的地方睡觉，可是有位李先生却不分时间和地点，突然倒下就睡，而且一睡就是几分钟，还差点因此而丧命。这是为什么呢？

李先生去医院做了各种各样的检查，可一直没有找出这种“睡病”的原因。有的医生怀疑，李先生有可能患上了一种比较罕见的睡眠功能障碍疾病——发作性睡眠，得了这种病的人通常会随时随地倒头就睡。但是发作性睡眠患者的睡眠时间比较长，而李先生睡上短短的几分钟就会自己醒过来，并且睡眠时意识完全丧失，这与发作性睡眠明显不同。

还有的医生认为，李先生患的是癫痫病。可是癫痫病发作时，患者通常是四肢抽搐，口吐白沫，倒地不省人事，但李先生却没有这样的症状。到底真相如何？目前医学专家仍无定论。

得了“睡病”的人随时都会倒下睡着。

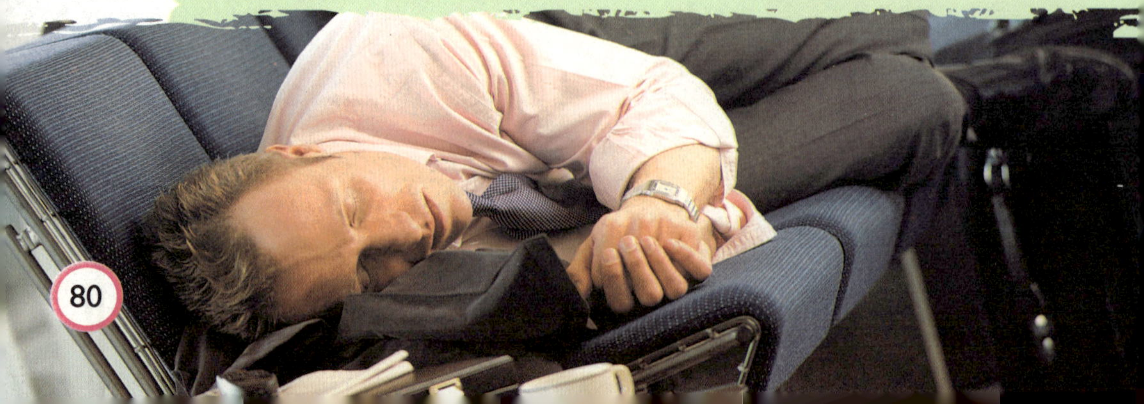

睡眠失踪了

为什么有些人一生都不睡觉？
不眠者的睡眠到底为何失踪？

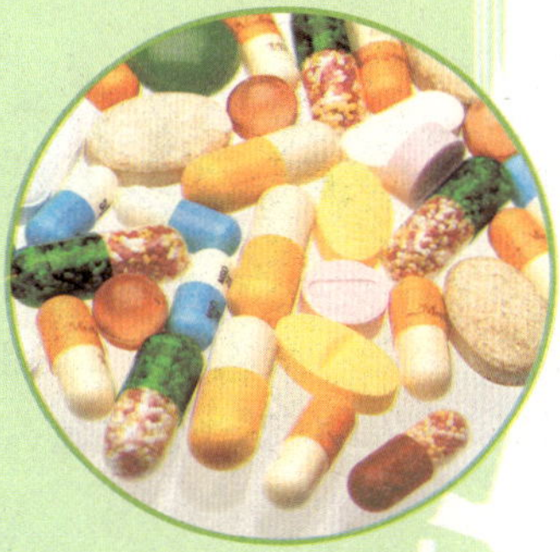

有些人用药物来减缓失眠症状。

传统的医学观点认为，睡眠是大脑的食物，每个人都离不了。可是，世界之大，无奇不有，有人嗜睡，有人却根本无需睡眠。

20世纪40年代，美国有一位叫奥尔的不眠者，在他一生之中，竟连小睡都不曾有过。无独有偶，西班牙的塞托维亚也有一位相似的不眠者。19岁那年，他在睡眠中被惊醒，从此睡眠日减，几年后，睡眠从此与他无缘了。

对不眠者的病因，医生们的看法也大有分歧。有人认为这些不眠者的大脑遭受了偶然的变故，激发了潜在的能力，从而导致他们无法正常睡眠。也有人认为不眠是相对的，其实这些不眠者正在以一种常人无法察觉的方式睡眠，通常这种睡眠极其短暂。还有一些人认为，这是一种极端的失眠症，具有永久存在的病理基础。

众说纷纭，没有定论。看来，要解开不眠者的睡眠失踪之谜，仍需科学家进一步研究。

绝大多数人每天都需要睡眠。

人体变石雕之谜

活人为什么会变成石头？
“石人”是怎么形成的？

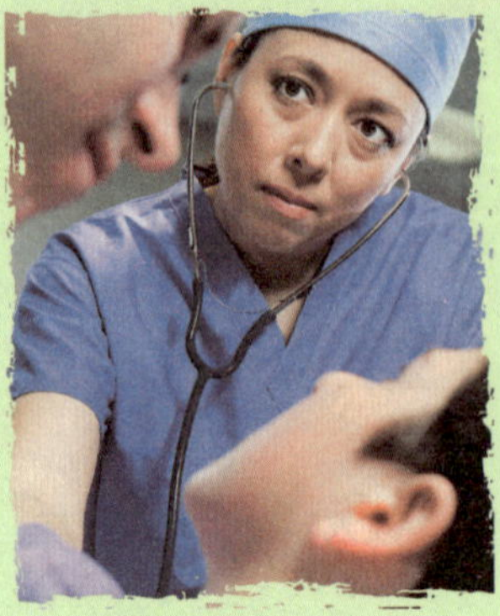

专家正在给一位“石人”做检查。

有一种怪病，会让肌肉变骨头，人体变成石雕，这种怪病被称为“石人综合征”。英国诺森伯兰郡的罗伯特·金霍便是这样的不幸者。

金霍3岁时就被诊断患上了这种罕见的疾病。随着年龄的增长，他的身体正在慢慢地“石化”：颈部已经被逐渐定型不能再转动，膝盖也已被固定，无法再抬起和移动，双腿也成为两根坚硬的“石柱子”。最可怕的是，这种疾病不影响他的智力，因此金霍会在煎熬与痛苦中慢慢死亡。那么，为什么活人会变成石头？

近年来，美国科学家终于找到了“石人”形成的原因。原来，这种怪病名为“进行性肌肉骨化征”，是世界上最罕见的疾病之一。而导致这种病变的，是一个名为ACVR1的基因变异改变了原有的基因信息，导致骨骼形成和修复的信号紊乱，产生大量错误的蛋白质并使人“石化”。至于是什么原因造成了这种基因变异，怎样治疗这种疾病，专家们仍在研究之中。

难以想象，一个人会慢慢变成一尊石像。

一个小小的基因，居然能让人体变成石雕！

人体经络之谜

人体经络的本质是什么？
经络是人体的什么结构？

中国医学经典《黄帝内经》中有关于人体经络的记载。

作为古老中国医学的一枝奇葩，经络学说在中医理论中占有特殊的地位，在世界医学界也久享盛誉。古代医学一般把经络看作运行血气的通道，是维系体表之间、内脏之间，以及体表与内脏之间的枢纽。那么，经络究竟是人体的什么结构，它的本质又是什么？对此，近代医学界主要有以下几种观点：

日本学者大久保适斋认为，经络活动是指自主神经活动，尤其是交感神经活动。新西兰大学的学者托马斯认为，经络是人体内的一种新的网状管道结构。我国学者孟昭威认为，经络传感速度介于神经和内分泌调节速度之间，是协调体表与内脏之间的未知系统。它与现代生理学中已知的神经系统和内分泌系统协作，共同完成全身平衡调节的功能。我国的薛崇成和美国的李宋宁等学者认为，经络系统并不是人体的特殊系统，而是大脑皮层中的循行性立体反射系统。

上述观点究竟哪一种更合理，还有待专家的研究。

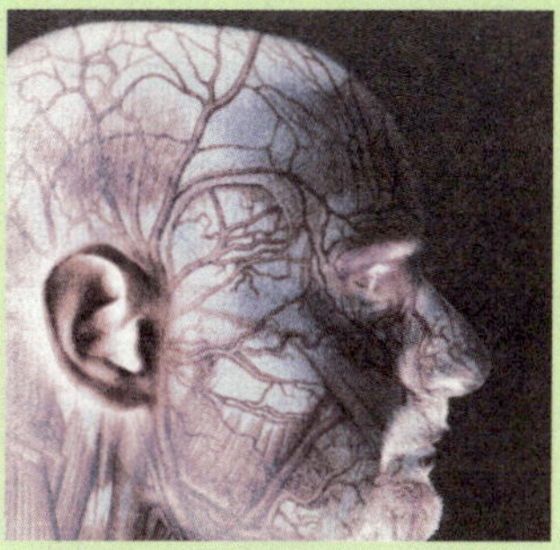

经络是不是类似这样的网状管道结构？

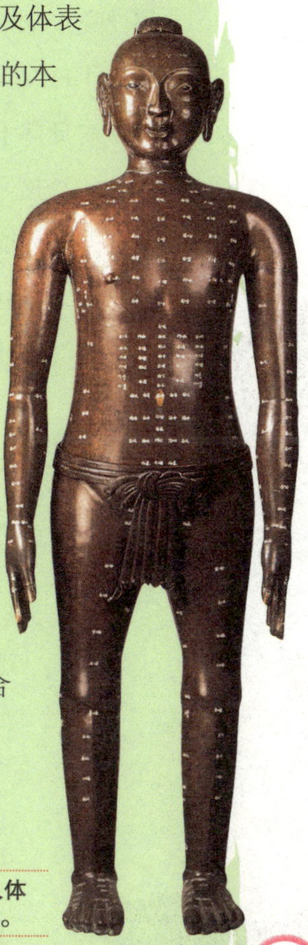

针灸治疗是通过刺激人体经络而发挥调节作用的。

变化多端的HIV

为什么说HIV（艾滋病病毒）是善变的？
艾滋病真的无法治疗吗？

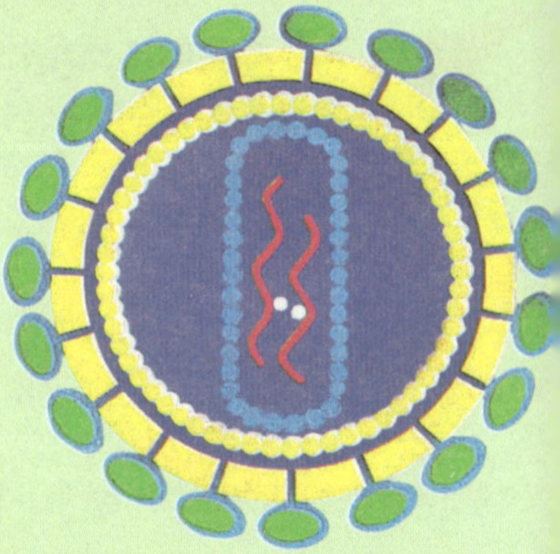

HIV的结构示意图

21世纪的今天，AIDS已经是一个家喻户晓的名词了。AIDS的医学全名为“获得性免疫缺陷综合征”，即艾滋病，是人体感染了HIV所导致的传染病。值得一提的是，HIV本身并不会引发任何疾病，只是会不断地破坏人体的免疫系统，使人体失去抵抗能力，最终因感染其他疾病而死亡。尤为可怕的是，HIV会终生传染。

HIV是人类遇到的最聪明和最具生存智慧的病毒之一，它不会很快引起人的死亡，因而人们对它一直疏于防范。相比各种来势汹汹的疾病，如SARS（非典型性肺炎）、禽流感等病毒，HIV无疑是极有“耐心”的，它在人体内的潜伏期甚至长达20年。

HIV的聪明还在于它的千变万化。它可以轻易避开人体强大的免疫系统的攻击，也可以躲避人类研制的各种药物与疫苗。HIV能使它的基因编码生成的蛋白质产生变化，以此迷惑人体内免疫系统的杀伤细胞，从而掩护自己。比如：在感染HIV的早期，人体免疫系统中的CTL（细胞毒T淋巴细胞）能够杀死被HIV感染

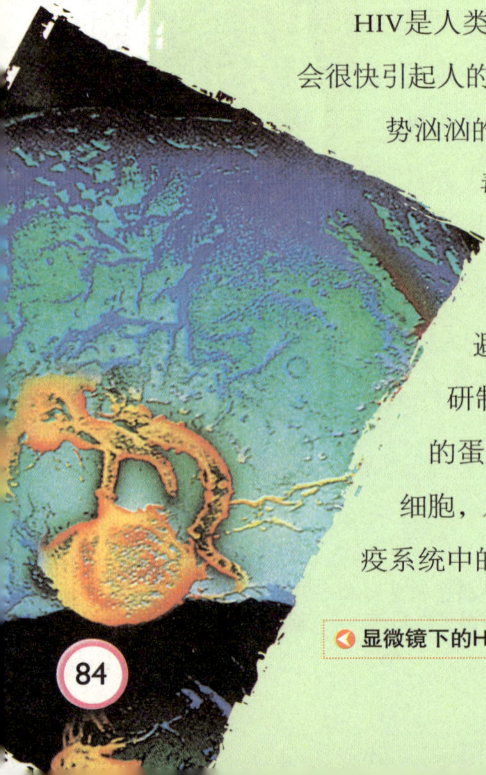

显微镜下的HIV

的细胞并限制新的HIV的产生。但是由于HIV具有百变身手，所以使得CTL发挥的作用极其有限。最终，在狡猾多变的HIV面前，CTL也无能为力。

不仅如此，HIV的变化方式也令人防不胜防。比如，HIV有一种独特的TAT蛋白，它主要在被HIV感染的细胞中产生和显示出来，因而成为被CTL识别的标志。但是，HIV的自我保护功能极其强大，即使TAT蛋白的全部氨基酸中只有一个发生变异，HIV也会马上阻止它在受感染细胞表面显示出来，因而TAT难以被CTL捕捉到。拥有如此善变的“法宝”，无怪乎HIV可以躲避CTL的追踪，长期感染人的机体了。

目前，HIV已经成为人类真正意义上的劲敌。世界上每天有15000人感染HIV，AIDS成为全球最危险的疾病之一，仅2007年，全球就有210万人因AIDS丧生。遗憾的是，人类还没有找到有效识别HIV的办法，目前，我们能做的，只是积极地预防。

科海探秘 Science

HIV的传播

AIDS主要有三种传播方式：性传播、母婴传播、血液传播。我们日常的活动是不会传播HIV的，也就是说，人们相互间的握手、拥抱是不会感染HIV的。

人们之间的交谈、握手、浅吻等不会感染HIV。

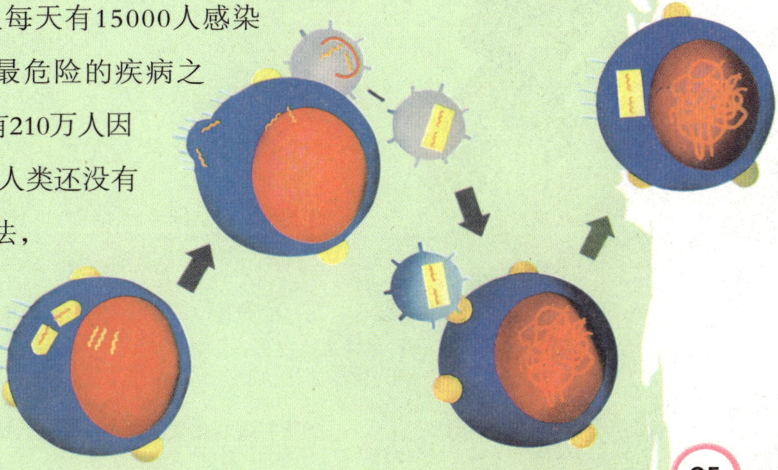

HIV正在入侵人体细胞。

AIDS究竟从何而来

AIDS来自灵长类动物吗？
人类真的是吃猴肉患上AIDS的吗？

▲研究人员正在进行AIDS样本分析。

1981年初，美国一名男性同性恋者患有多种感染并发现免疫功能被严重破坏，很快他因多种感染而死亡，后被诊断为AIDS，这是世界上第一例确诊为AIDS的病人。不久后，AIDS迅速蔓延到各大洲。那么，AIDS到底从何而来呢？

关于AIDS的起源有很多传说。有人说这是第二次世界大战期间，德国或日本方面使用人工方法研究、制造出来的一种病毒，还有人说是上帝为了惩罚人类的性乱而投下的病毒。当然这些传说都缺乏证据，其实，AIDS起源于非洲。20世纪中期，有一个从森林中走出来的刚果土人，被邀请参与一项和血液传染病有关的研究。他的血液样本经化验后，便被冷藏了数十年。令人意料不到的是，数十年后，他的血液样本竟然成为解开AIDS来源的重要线索。

据说，这名土人是由于吃了患AIDS的猴子的肉而染病的。在此之前，人类并没有发现过这种人体免疫能力减退的病症，但是这种病在猴子身上曾经出现。在非洲，猴子肉常作为食物。一项大规

◀有些专家认为，AIDS是通过猴子传染给人类的。

模的调查表明，西非一些国家市场上出售的猴子肉中，有相当一部分带有与HIV相似的SIV（猴免疫缺陷病毒），这意味着食用野生灵长动物有染上AIDS的危险。

不过，吃猴肉使人类患AIDS的理论也受到挑战。有专家认为，既然AIDS是通过体液传染的疾病，那么因吃病猴子肉而感染似乎不是直接途径。德国的一些科学家认为，厩螫蝇可能要对HIV入侵人类负责。他们认为，AIDS之所以会由猴子传到人身上，主要是由一种名叫厩螫蝇的昆虫引起的。这种飞蝇先是叮咬了患有AIDS的猴子，吸入有SIV的血，然后又叮咬了人，从而使人感染，最终引发AIDS。但也有些专家认为，说AIDS来自灵长类动物并没有直接证据，很有可能早在数百年前AIDS就已经与人类结缘了，只是没有被发现而已。

AIDS究竟来自何处？是来自人类的近亲灵长类动物，还是人类特有的，有待科学家进一步考证。

黑猩猩不会染上AIDS。

有专家认为，AIDS起源于非洲。

科海探秘 Science

黑猩猩为何不会患AIDS

最新的研究成果表明，人类和黑猩猩虽然在基因结构上有近96%的地方相似，但两者间的主要不同在于大脑，而这种差异有可能是某些疾病（包括AIDS）只会影响人类，而不会波及到黑猩猩的原因。

疑雾重重的SARS

地球上会不会再度爆发SARS危机？
果子狸身上的病毒真是SARS的元凶吗？

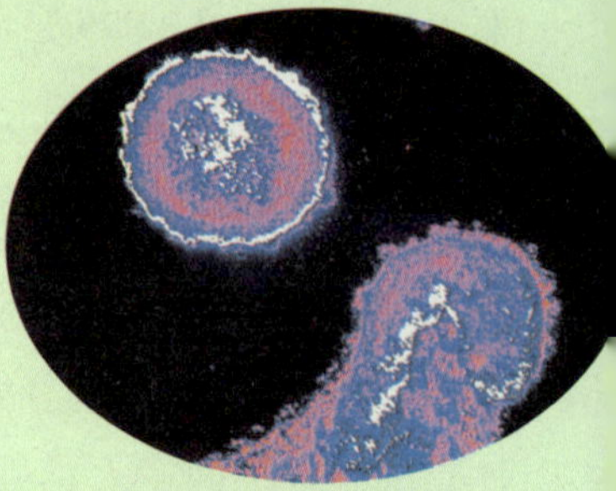

显微镜下的SARS病毒看起来很美丽。

从2002年冬天到2003年春天，SARS席卷全球，整个世界闻之色变，许多医学专家在它面前束手无策。不可思议的是，SARS来也匆匆，去也匆匆，只给人们留下团团迷雾。

SARS俗称“非典型性肺炎”，是一种急性的呼吸系统感染，在临床上有发热、咳嗽、肺部出现阴影等肺炎共性症状。SARS患者最难以忍受的是呼吸困难，感觉生不如死，以致产生强烈的恐惧感。那么，患者的肺到底怎么了？专家经过对一些患者肺部的标本进行研究，发现患者双肺明显增重，其肺的体积膨胀充满整个胸腔，几周后，肺泡发生萎缩，肺完全失去通气、换气的功能，加上各种细菌、真菌感染，加重了肺的损伤，甚至导致患者死亡。

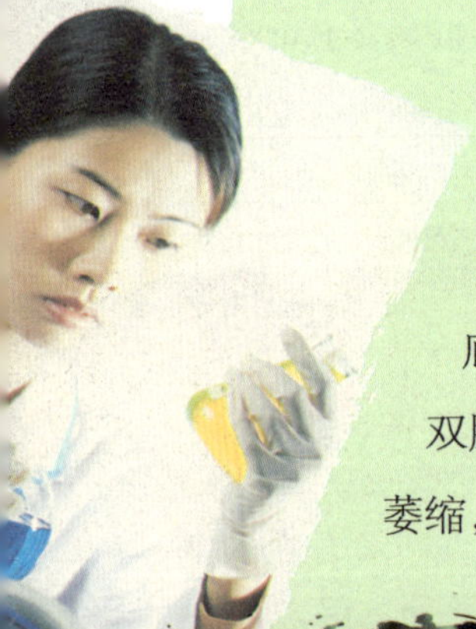

SARS病毒到底起源于何处？大多数专家认为，病原体可能来源于动物。他们通过对果子狸、山猪、兔、猫、鸟、蛇、獾等多种动物进行检测，发现从果子狸身上分离的病毒与SARS病毒的基因序列高度符合，这就说明果子狸是SARS病毒的元凶。但是有

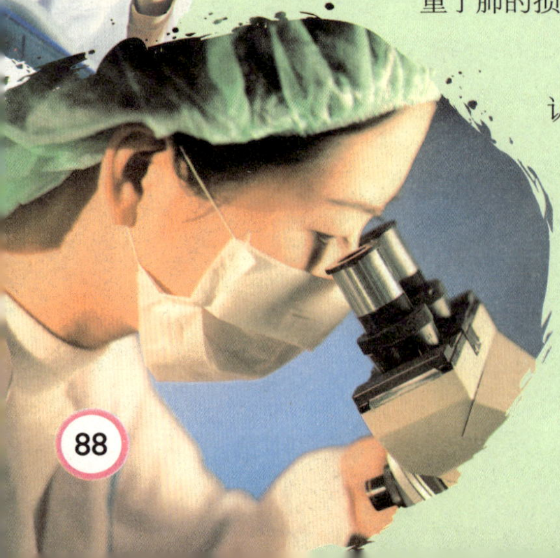

医学工作者正在观察病毒。

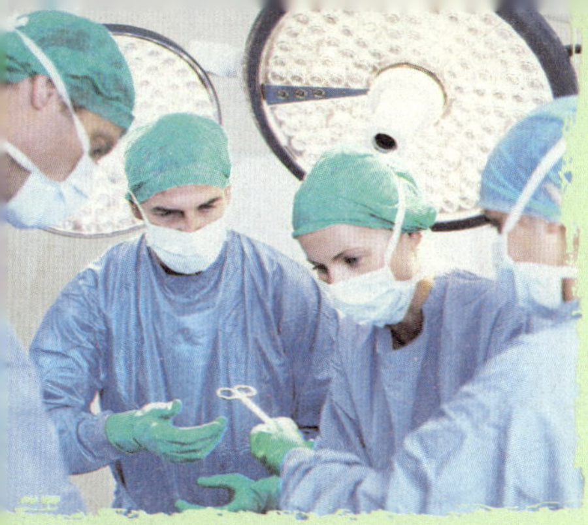

医务人员正在做救治SARS患者的准备。

些专家认为，这一结论显然无法从流行病学的角度解释2002年冬天中国华南疫情初起时的疫源地较多的现象。

SARS的发病机制是怎样的呢？专家认为，其发病机制可能与AIDS的相反，其依据是：儿童感染HIV后，病情进展迅速，很快就会死亡，相反，他们感染SARS后，症状较轻且进展缓慢。还有，迄今为止全球没有一例HIV感染者染上了SARS病毒。在一家医院里，十多位HIV感染者曾经与许多SARS患者共处，但没有一人感染上SARS，这是一种巧合，还是说SARS与HIV之间可能有病毒干扰的现象存在？至今不得而知。

目前，医学界认为SARS病毒相对较稳定，较少发生变异，但人们认识这种病毒的时间只有10年，也许下这个结论为时尚早。因为SARS为什么会在特定的时间内跨越物种进行传播，它会不会卷土重来，这些谜至今未解。

科海探秘 Science

美丽的冠状病毒

冠状病毒的一个变种是引起SARS的病原体。变种冠状病毒非常独特，以前从未在人类身上发现。由于在电子显微镜下它的外膜上有明显的棒状粒子突起，看上去像中世纪欧洲帝王的皇冠，因此被命名为“冠状病毒”。

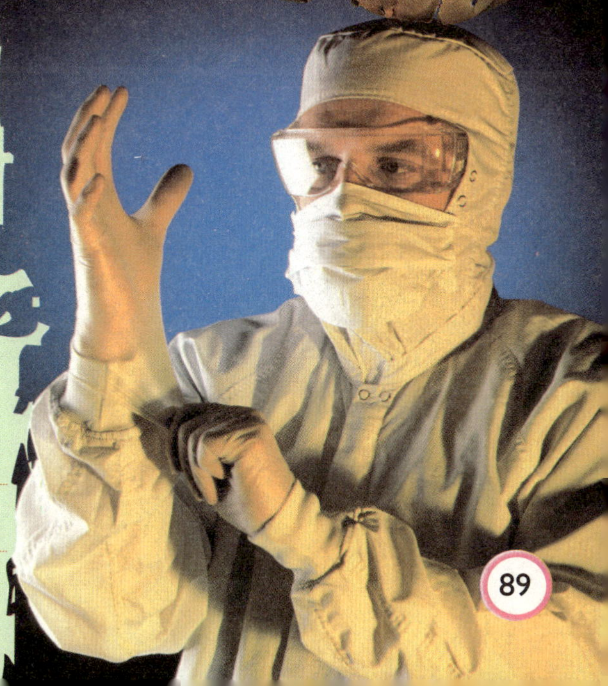

SARS是传染病，因而接触患者的医生要采取严密的防护措施。

神秘的第六感

第六感有什么神秘之处？
第六感是怎么产生的？

直觉在鱼类中普遍存在。

每个人的一生中恐怕都曾经碰到过突然萌生的奇怪感觉。比如，初次来到某个地方，却觉得自己曾经来过；别人尚未开口，已经知道他要说什么；电话铃声刚响起，就知道是谁打来的。而我们根本不明白自己为什么能感觉到这些，同时我们也很难解释其中的奥秘，这种现象便称为“第六感”，也叫直觉。

直觉是人类在长期的原始状态下发展起来的一种能力。直觉开发专家费雪尔认为：人类在会使用语言进行推理和归纳之前，只能依靠感官和非语言的直觉来分辨危险，至今这种本能在有些人身上仍然存在，而在动物界尤为明显。例如，动物能够通过察觉环境中发生的微妙变化来感知迫在眉睫的危险。也有些科学家认为，所有生物的生命活动都有一种“电效应”，例如，鱼类就具有感应电磁场的能力，这对于人类研究“第六感”很有意义。也许，对于鱼类这一特性的研究，有助于我们解开人类的“第六感”之谜。

第六感能帮助动物预知外界的微妙变化。

心灵感应存在吗

孪生子之间为什么能“心灵相通”？
某些心灵感应现象与遗传基因有关吗？

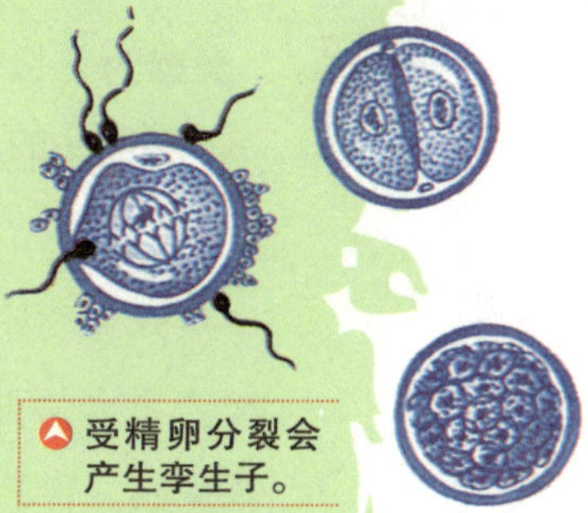

受精卵分裂会产生孪生子。

美国有一对孪生兄弟从小被分开，30年后他们才重逢，见面后，人们发现这兄弟两人不仅都受过教育，而且有着同样的爱好。更不可思议的是，两人的前妻名字一样，儿子的名字也完全一样，甚至续娶妻子的名字也一样，并且他们都喜欢到同一个地方度假。这真是太神奇了！此外，还有很多双胞胎都表示，即使在不同的地方，他们也能分享彼此的经验。那么，这是一种巧合，还是孪生子之间真的存在心灵感应？

专家认为，这属于所谓“超心理学”问题。他们更多地把这种现象与遗传基因的相同或相似联系起来。研究发现，由一个受精卵发育而成的同卵双胞胎一定是性别相同、外貌极为相似、性格爱好也非常相近的。还有一些研究者把心灵感应看成信息同步传递现象，而要证明这一现象的存在，需要有统计上的证据，但到目前为止，还没有科学的证据证明心灵感应现象的存在。不过，科学对一切未知的东西并不轻易否定，科学家们正在进一步探究这个谜。

孪生子之间真有心灵感应吗？

灵感来自何方

灵感为什么如此神奇？
灵感产生的过程是怎样的？

灵感对于艺术创作很重要。

在学习中，我们如果碰上难题，经常苦思冥想而不得其解，但偶尔又会豁然开朗，我们说这是灵感来了。那灵感究竟来自何方呢？

灵感也称为“顿悟”，这个词最早由德国心理学家柯勒提出。随后，不少心理学家经过研究认为：我们在解决某些问题时容易形成一种固定的模式，一旦打破这种固定的模式，即可得到解决问题的方法，也就是说产生了灵感。

DNA双螺旋结构的发现者之一——英国科学家克里克曾经宣称他发现了意识的“灵魂细胞”在大脑中的位置，但一直没有找到明确的直接证据。最近，中国科学院心理研究所研究员罗跃嘉、罗劲等人用传统的谜语作实验材料，用事件相关脑电位和功能磁共振成像技术记录实验参加者的脑部活动，结果发现，事件相关脑电位与功能磁共振成像的结合是目前脑研究技术的“最佳组合”。这一发现为解开灵感产生之谜奠定了基础。不过，要真正找到灵感的来源，仍需科学家努力。

灵感一到，便会有“茅塞顿开”的感觉。

人为什么会做梦

科学家如何解释梦产生的原因？
做梦真的能保护大脑吗？

一些专家认为，做梦可以释放一部分信息。

做梦是人体的一种正常的、必不可少的生理和心理现象。关于人为什么会做梦，主要有以下几种说法。

有些科学家提出“做梦是为了忘记”的理论。他们认为，人在一天的活动中有意或无意地接触到无数信息，必须通过做梦把这些信息释放掉一部分。有的科学家认为，做梦是保护睡眠的需要。因为人不停地产生着愿望和欲望，这些愿望和欲望在梦中通过各种伪装和变形表现或释放出来，这就能够帮助人排除意识体系无法接受的那些愿望和欲望。有的科学家认为，梦是一种“反常睡眠”。还有一些科学家认为，梦是大脑调节中心平衡机体各种功能的结果，也是大脑健康发育和维持正常思维的需要。

以上几种说法，哪一种更准确，至今没有定论。

有些科学家认为，做梦是保护睡眠的需要。

月亮会使人发疯吗

月亮真是精神病的罪魁祸首吗？
为什么有人将精神病患者发疯归罪于月亮？

满月和犯罪行为是否存在着一定的因果联系？

有人说，精神病患者在月光下待的时间越长，精神就越不正常。月光也许是导致某些人行为异常的一个重要因素。

美国一个精神病收容所的研究人员曾在一份报告中说，在满月期间精神病患者情绪不稳定和行为紊乱的现象会加剧。而早在1970年，美国精神病学家莱伯就注意到，每当满月时，海潮高涨，当地的凶杀案就比平时增多。莱伯还向当地的警察局、新闻界和医院的精神病科发出警告：在即将到来的特大潮汐期间，人们的行为将产生普遍的紊乱。他认为，同地球表面覆盖有大量海水一样，人体重量的2/3以上是水分，所以月亮对人体中的液体就会像对海洋一样产生影响。这样，人体内也有了由月亮控制的生物潮汐。满月时，这种生物潮汐处于“高潮”，对人的行为影响处于“最强状态”，从而导致有些人行为反常，乃至发疯。

精神病真的是由月亮引起的吗？其原理是否和莱伯所解释的一样呢？对此，科学界至今仍有争议。

中国人认为月亮冰清玉洁，是美丽团圆的象征。而在欧洲的传统文化中，月亮被当作乱人心智的妖魔。

[第三章]

古代科技谜团

科技发展是社会进步的一条主线。人类创造的一个又一个科技奇迹，一次又一次地推动了社会的发展。公元前的齿轮计算机、玛雅遗址发现的“宇航器”、巴格达的化学电池、数百年前的“全息照片”……在科技水平落后的古代，究竟是哪一只看不见的手，为人们指点迷津，创造出一个个科学奇迹呢？这些科学奇迹是外星人的作品，还是地球高级文明的智慧结晶？

神奇的石头窗户

爱尔兰古墓的石头窗户有什么用处？
原始人是如何获得先进的天文知识的？

从远古时代起，人类就开始关注茫茫的太空了。

19世纪末，在爱尔兰伯温河流域，人们发现了一座雄伟高大的古墓，里面埋葬着原始人类的遗骸。这是当时人类发现的世界上最为古老的建筑。

令人惊异的是，古墓完全由石头堆砌而成，在没有使用任何黏合技术的情况下，竖立了5000年却安然无恙。墓室最令人惊叹的是入口处上方敞开的一扇可以移动的石头窗户。每年冬至（一年中白天最短的一天），阳光都会从窗户慢慢射入墓室的最里端。这扇石头窗户有什么用呢？据考古学家推测，这里可能是原始人观测天象的地方，他们根据太阳光进入窗户后的变化情况来测定冬至、夏至等特殊的日子。几千年前的人们就懂得利用天文知识，真令人称奇。可是，这里的原始人类为什么能拥有如此先进的天文知识？他们是如何获取这些天文知识的呢？我们不得而知。

古墓的入口处有一扇石头窗户。

齿轮计算机之谜

古希腊人的齿轮计算机是做什么用的？
古希腊人真的掌握了高超的科学技术吗？

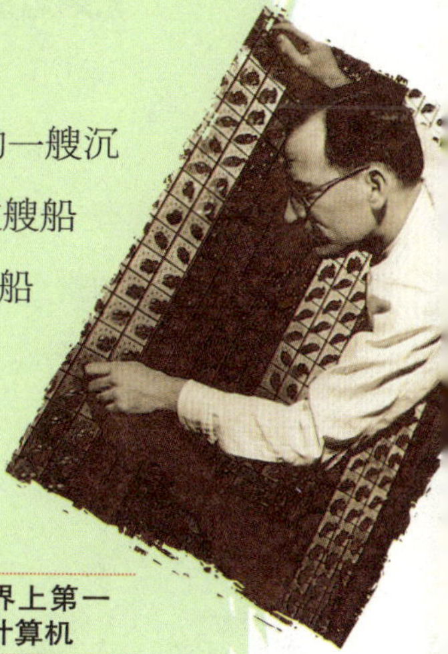

▶ 世界上第一台计算机

1900年，希腊的一群海绵捕捞者在安提基特拉小岛附近的一艘沉船里，发现了一大堆青铜器和大理石雕像的碎片。经鉴定，这艘船大约是在公元前1世纪沉没的。令人意想不到的是，在清理沉船的过程中，考古学家找到了一些刻有希腊铭文的青铜碎片和一套完整的齿轮，有的齿轮上还刻着一些奇怪的文字。那么，这些齿轮有什么用呢？

1951年，耶鲁大学的一位教授经过反复研究，最终认定这是一台计算太阳和月亮日历的计算机。主轮转动一圈等于一个太阳年，较小的齿轮则显示太阳和月亮以及一些恒星的位置。这样看来，很可能早在公元前1世纪，古希腊人就已经使用齿轮计算机做天文实验了。果真如此吗？如果是，那么远古的希腊人为什么能够掌握如此高超的科学技术？这一切仍是谜。

▼ 海底的古代沉船

古印度无烟炮弹之谜

古印度的无烟炮弹是怎么发明的?
无烟炮弹到底是一种什么样的武器?

古代印度留下了许多未解之谜。

据古印度叙事诗《马哈巴拉塔》记载，在古印度有一种神奇的武器——无烟炮弹。这种炮弹的威力非常大，能够在瞬间将坚硬的砖块化为灰烬。

据说，这种炮弹刚发射出去的时候，就像一个火球，能迅速冲向攻击目标。击中目标后，会有万道火光向周围扩散。火光所及之处，无论是多么坚实的城墙、房屋，都会变得不堪一击。由于无烟炮弹在使用时没有烟雾，对方很难辨别炮弹的发射地点，因此隐蔽性能较好。在印度的一些古城遗址上，至今还留有被这种武器袭击过的痕迹。可是，我们知道，无烟火药直到1884年才由法国化学家P.维埃利研发出来，那么古代的印度人是如何掌握无烟火药，又如何用无烟火药制造出这种无烟炮弹的呢？至今，人们还没有解开这些谜团。

无烟炮弹发射时产生的威力能不能与现代炮弹相比呢?

古埃及的玻璃项链之谜

古埃及法老的玻璃项链是怎么制成的？
项链中的玻璃真的来自太空陨石吗？

古埃及人常用绿玉制作饰物，极少用玻璃。

英国考古学家曾经在埃及著名法老图坦卡蒙的陵墓中发掘出一条精美的玻璃项链，项链由椭圆形的玻璃碎片串成，那么，这些玻璃来自何处呢？

有些专家认为这种玻璃来自太空陨石。他们推测，曾经有脆弱的陨石进入大气层，与大气层产生摩擦，温度上升到1800℃以上，形成火球。当火球降落在沙漠地带后，依然保持高温的陨石将沙漠中的沙石熔化成液态，冷却后形成自然玻璃。但在当地并没有发现陨石坑，因此有人对这一说法提出质疑。不过，有些专家通过实验发现，当一个直径130米的物体以每秒124英里（相当于199.6千米）的速度移动时，确实能产生足够的热量，熔化沙石，冷却成玻璃，而不一定要陨石冲破大气层使沙石熔化。所以，这串玻璃项链到底是怎么形成的，至今仍是未解之谜。

玻璃项链是图坦卡蒙的饰物。

玛雅人的“宇航器”

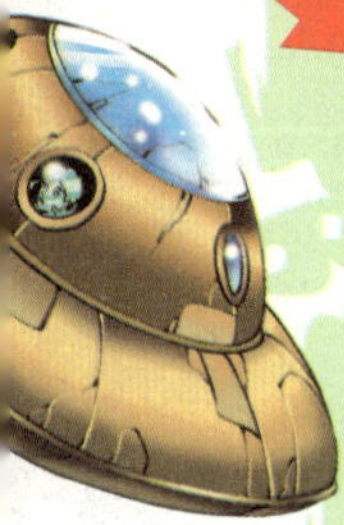

为什么玛雅人石板上的图案与现代宇航器如此相似？
古代玛雅人真的发明了“宇航器”吗？

20世纪50年代，几位考古学家在清理一座古玛雅时期的神殿时，从废墟中发掘出了一块刻满花纹和图案的石板。石板上的图案怪异、离奇，像一个人双手握着把手，正在操控某种特殊的机械装置，石板的四周环绕着一些装饰性的花纹。那么，这个石刻到底表现的是什么？

玛雅人利用天文知识制作的太阳历

随着科学的发展，人类开始征服太空，制造出各式各样的宇航器。当人们再次审视这块石板时，不禁惊讶万分，石板上的图案竟然类似进气口、操纵杆、脚踏板，以及天线、软管等现代宇航器的必备设备。就连美国航天中心参与航天器设计的专家也感到很惊奇，他们都异口同声地喊道：“了不起！这是古代的‘宇航器’！”这样看来，石板上的图案很可能表现的是“宇航器”。难道古代玛雅人已经制造出了载人的“宇航器”吗？如果没有，那么石板上的图案又是怎么回事呢？没有人能够回答这些问题。

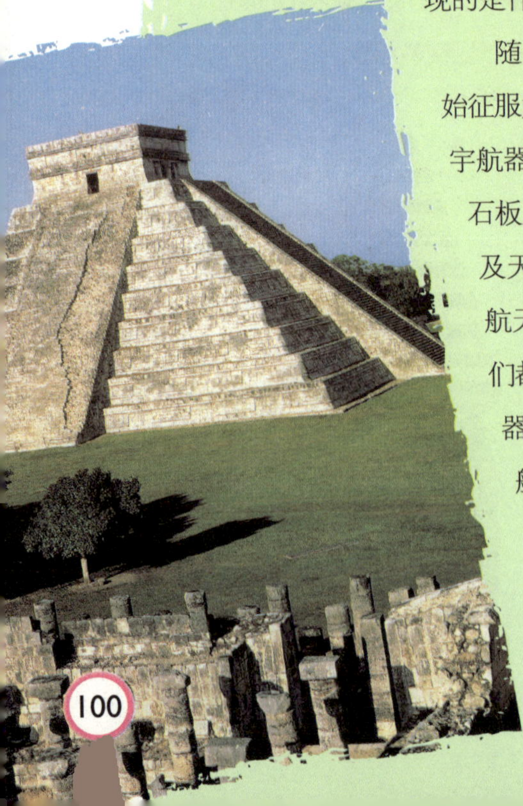

玛雅遗址

古代地图之谜

古人是如何绘制地图的？
古人先进的地理知识从何而来？

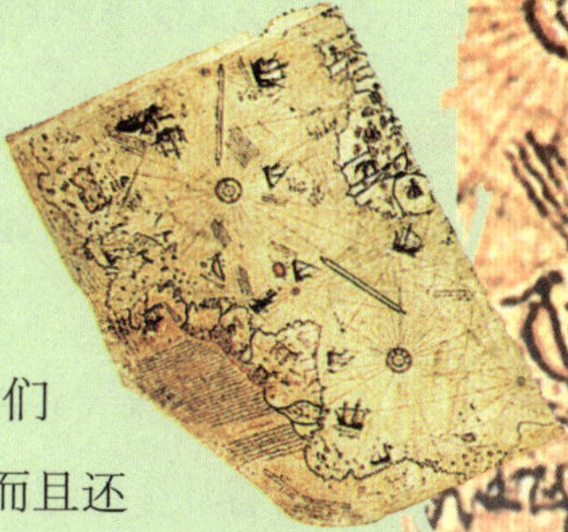

古代地图上南极大陆的轮廓和现代地图上的极为相似。

18世纪初，在土耳其伊斯坦布尔的托普卡比宫，人们发现了几张古地图，这些古地图不仅绘制得非常精确，而且还显示了一些迄今为止人类很少考察到的地方。

在这些古代地图中，有一张准确地画出了大西洋西岸大陆的轮廓，北美洲和南美洲的地理位置也准确无误。更令人惊奇的是，这张地图上还清晰地标示着南极洲的轮廓。要知道，现代人在1820年才首次踏上南极大陆。不仅如此，这张古代地图上竟然还显示了南极洲山脉的存在，并在旁边标注了山脉的高度，而现代人直到1952年才在地震波的帮助下探测到冰层下面山脉的高度。科技水平相对低下的古代人是如何获得这些地理知识的呢？另外，这张地图，需从空中俯视观察才能绘制，而缺乏现代化技术协助的古人是如何做到的呢？人们至今仍找不到答案。

发现古代地图的土耳其王宫

金属尸体之谜

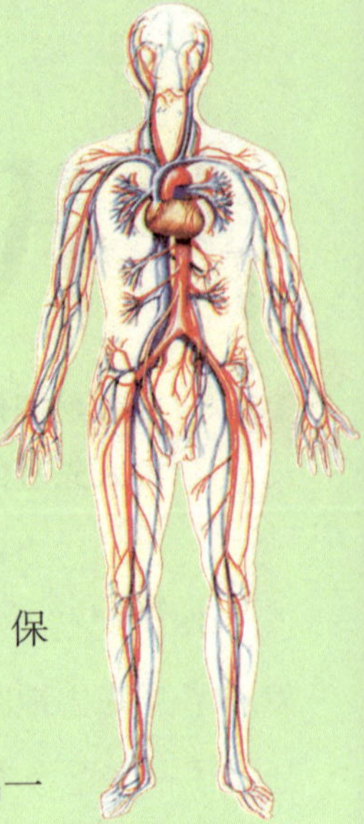
古人很早就仿造出了人类的血管脉络。

古人为什么要制作金属尸体？
金属尸体是如何制作的？

在意大利那不勒斯市中心的一座古老的小教堂里，保留着几个世纪以前的两具金属尸体。

尸体为一男一女，呈站立姿势，他们的身上显露出一些器官和复杂的静脉与动脉血管。据说，这是由当时一位热爱科学的亲王指导制作的。为了获得逼真的效果，要在躯体仍然活着时注射一种金属化的物质，使制作时尸体呈现出一种金属的质感。骨架是真实的，但上面的血管脉络是用一种铁丝以复杂的编织工艺仿制而成的。脉络上面还覆盖了红色和蓝色的蜂蜡，以区分静脉与动脉。

人们一直想知道，这两具奇特的金属尸体究竟是如何制作的，这里面包含着什么样的医学知识？令人遗憾的是，这位亲王的医学知识并没有流传下来，据说他的儿子不能理解父亲的工作，就把相关的文字资料全都烧毁了，因而这个谜至今没有人能解开。

奇异的金属尸体一直存放在海滨城市那不勒斯的一座小教堂里。

木乃伊制作之谜

古埃及人为何要制作木乃伊？
木乃伊制作的过程是怎样的？

用于存放木乃伊内脏的容器

一提到埃及，人们总会想到木乃伊。那么，木乃伊是如何制作的呢？

古埃及人对尸体进行防腐处理的方法有许多种，而在新王国时期所使用的方法最为复杂，效果也最好。要防止人体的内脏器官腐烂很不容易，所以他们干脆把这些器官从体内取出来，用棕油将腹腔和胸腔清理干净，再将脑壳内部清洗干净，并注入药物，然后缝合尸体。有时在缝合尸体之前还要添加一些沥青、松香等防腐物。再将尸体放进用于干燥的泡碱粉里，等尸体内的水分被吸干后，用河水冲洗尸体，再用亚麻布包起来，并在外面涂上树胶，木乃伊就制作成了。

但是，如果在泡碱粉中放的时间太久，尸体就不利于定型，而木乃伊的双手总是交叉放在胸前再缠上白布的，因而对于埃及人是怎么处理好这两者之间的矛盾的，考古学家至今没弄明白。

木乃伊制作场景

神秘的巴格达电池

古巴格达人真的发明了干电池吗？
巴格达电池有什么用途？

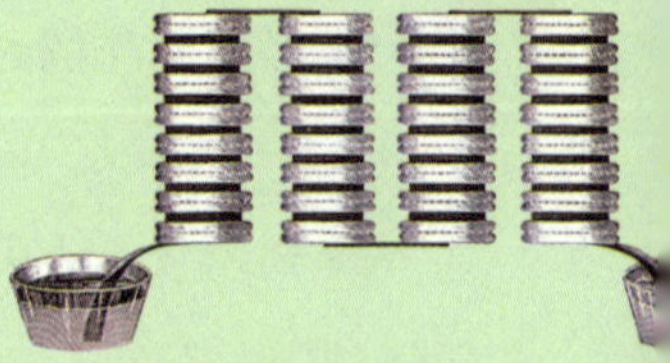

18世纪，科学家伏特发明了第一个电池。

1936年，在伊拉克的首都巴格达，考古学家发掘出一口公元前200年的古代石棺。在这口石棺中，有一个陶制的粗口罐，吸引了所有考古学家的目光。

这个粗口罐看上去十分普通，怎么会同大量的金银珠宝一起作为陪葬品呢？考古学家们打开陶罐后，才发现里面盛满了沥青，沥青中有一根铜管，直径2.6厘米，高9厘米，铜管顶端有一层沥青绝缘体。更有趣的是，铜管中还插着一根铁棒，铁棒上面有明显被酸碱腐蚀过的痕迹。铁棒的下端长出铜管的底座3厘米，使铁棒与铜管隔开。整个装置看上去好像是一组化学仪器。

通过进一步研究，人们发现，这个陶罐与现代的干电池几乎完全相同！有专家还称，只要加上酸溶液或碱溶液，它就可以发出电来。2200多年前的巴格达人真的发明和使用了干电池吗？如果确实如此，为何同时代的文献中没有任何关于这一项科技成果的记载呢？这真让人疑惑。

巴格达是古代文明的发源地，人们在这里发现了2200多年前的电池。

冶炼技术之谜

保加利亚人的祖先是如何获得先进的冶炼技术的？
古代保加利亚人的冶炼技术是自己发明的吗？

瓦尔纳的史前墓穴

在世界古代文明史上，人们很少会提到保加利亚，但20世纪70年代的一项重大考古发现却将世人的目光引向了这里。

在保加利亚的瓦尔纳，考古学家发现了一个大约公元前3500年的史前墓葬。人们从墓穴中发掘了大量的青铜工艺品。这些青铜制品极其精美，让人不敢相信它们竟出自数千年前的工匠之手。不久，在保加利亚首都索非亚以东，人们又发现了大约4000年前的大型古代皇家墓地，出土了大约10件黄金饰品。

这些陪葬品的出土使人们相信，几千年前的保加利亚人就已经掌握了冶炼和铸造技术。也就是说，保加利亚的古代文明可以与古埃及、苏美尔等发达文明相媲美。可是，在生产力水平极为低下的原始时期，保加利亚人的祖先是如何获得这一技术的呢？是他们自己发明的，还是另有来源呢？这些谜团至今没有解开。

古代的保加利亚人为什么能拥有先进的冶炼技术？图为现代冶炼。

古代水泥圆柱之谜

古代水泥圆柱有什么用处？
是谁在使用这些水泥？

澳大利亚东海岸有一座叫派恩的小岛。表面上看，这座岛与其他小岛没有两样，奇怪的是，岛上有四百多个蚁丘似的古冢，它们全由沙石筑成。这些古冢上寸草不生，冢内也找不到任何生物的遗骸。考古学家在其中三个古冢内各发现一根直立的水泥圆柱。这些圆柱直径大小不等。考古学家用放射性同位素碳检验法进行测定，发现这些圆柱是公元前1095年～公元100年的东西。

我们知道，古代没有水泥和石灰，古人主要用黄泥加淀粉浆打成胶来砌石头，或者用竹木搭建房子。是谁在人类发明水泥之前就已使用了水泥？这些水泥圆柱究竟有什么用处？为什么在附近找不到任何有关人类的遗物？这些谜团至今无人能解。

水泥在城市建设中极为重要。

古代没有水泥，古人主要以竹木等材料搭建房子。

是什么摧毁了古罗马

铅真的是颠覆古罗马的凶手吗？
古罗马人为什么偏爱铅制品？

古罗马贵族用的银器皿

古罗马曾经称霸世界，盛极一时。可是，在其统治达到巅峰的100多年后，整个帝国突然江河日下，最终于公元476年彻底灭亡。关于罗马帝国的灭亡原因，历史学家从各个层面都作了详尽的解答，最近还有不少科学家提出古罗马毁灭于铅中毒的观点。

科学家发现，古罗马人的骨骼与牙齿中含有大量的铅。这是怎么回事呢？原来，古罗马人喜欢用铅来制作日常用的器皿。由于他们发现铁与铜都易生锈，而金银则太昂贵，相比之下，铅既不生锈，又容易擦亮，加上罗马境内铅矿丰富，因此铅被越来越多地应用到他们的日常生活中。时间一长，这些铅就随着食物进入人体，并随着血液循环扩散到身体的各个组织，最终选择牙齿与骨骼作为它们的藏身之所，然后寻找合适的时机，向人体痛下杀手。身体素质的下降，导致罗马军队战斗力的下降，最终在战争中覆灭。铅真是毁灭古罗马的元凶吗？这有待科学家进一步证实。

曾经盛极一时的古罗马帝国如今只剩下断壁残垣供人凭吊了。

古代脑科手术之谜

原始人是怎么完成脑科手术的？
原始人从哪里学来的高超医术？

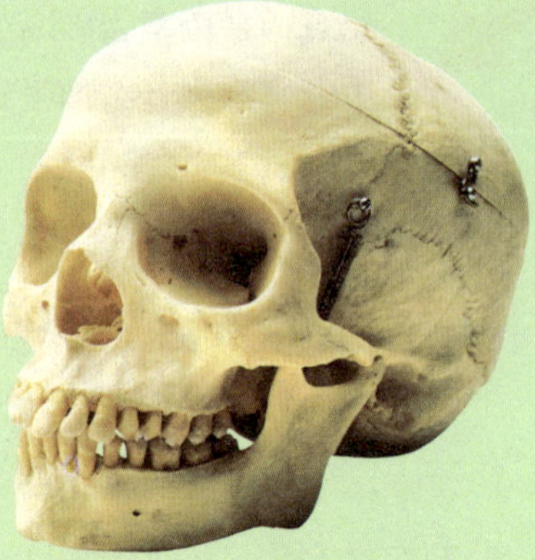

人类头骨非常坚硬。

听起来简直不可思议：5000多年前的原始人曾经做过成功的脑科手术！

2001年6月，在山东大汶口文化遗址上，考古学家在一个原始人类的头骨化石上发现了三个小型的椭圆形穿孔，孔的周围有明显的刮削及骨组织修复的痕迹。这表明，5000多年前的这位古人可能接受过开颅手术，并且在手术后还活了一段时间。这块头骨化石竟然是原始人做的一次成功的开颅手术的实证！

没有任何资料告诉我们，这位古人为什么要接受开颅手术，又是谁为他实施这次手术。但我们知道，在5000多年前的大汶口文化时期，人们还没有发明金属器具，日常使用的大都是磨制的石器，那要磨得多么锋利，才能够完成这次手术啊！另外，他们采用了什么样的技术来测定颅腔内的病变情况呢？又是如何做到成功止血、防止感染的呢？这一切都不得而知。

古人真有如此高超的医术吗？

“河图洛书”的奥秘

“河图洛书”真的是数字迷宫幻方图吗？
“河图洛书”是什么样的？

传说，一只乌龟将“洛书”送给大禹。

“河图洛书”是有关中国古代文明起源的著名传说。相传，在伏羲氏时代，有一天，河中跃出一匹龙马，身上背着“河图”，伏羲就依据此图创立了八卦。在大禹时代，洛水中浮出了一只神龟，背上驮着“洛书”，大禹依据它创立了“洪范九畴”。

至于“河图”与“洛书”到底是什么样的，史籍中没有绘图，也没有具体的文字说明。今天我们看到的用黑白圆点表示的“河图洛书”出自宋代，据说是北宋初年著名道士陈抟绘制的。

有人认为，“河图洛书”可能是上古时代的数字迷宫幻方图。也有人认为，由于数字在中国古代除了计数外还有更深刻的含义，比如“五”代表五行，“六”代表上下四方，因此“河图洛书”可能是对于宇宙万物秩序的一种形象化的哲学解释。例如，其中白点象征天数，黑点象征地数，中央十字则象征着统治者。引发人们无限遐想的“河图洛书”到底包含什么秘密呢？专家仍在研究之中。

传说中根据“河图”创立八卦图的伏羲氏

车是黄帝发明的吗

我国何时开始出现了车？
车是黄帝还是奚仲发明的？

车的出现，给人类的生活带来了极大的便利。我国很早就有车，出土的殷商时期的甲骨文中已经有了“车”字。在商、周时代，车辆的制造已经十分先进了。据春秋末年齐国的《考工记》记载，当时车辆制造已经有了专门的分工，除了所谓的“车人”外，还有专门造轮子的“轮人”，专门制造车厢的“舆人”等。那么，是谁发明了车呢？

有人认为，车是黄帝发明的，理由是黄帝名叫“轩辕”。“轩”就是小车的一根曲辕，而“辕”就是大车的两根直辕，黄帝的名字就源于造车。另外，传说黄帝大战蚩尤时，正是靠着他发明的指南车才冲出了蚩尤布下的“浓雾”。还有人认为，车是黄帝的后裔奚仲造的，因为奚仲是夏禹的“车正”，即主管造车的官员。究竟哪一种说法更可信，至今仍是个谜。

黄帝大战蚩尤时的场景

古代"机器人"之谜

古代的"机器人"是如何制作的?
古代的"机器人"为什么能"说"会"唱"?

说到机器人，大家都知道那是现代科技的结晶，如果有人告诉你公元前900多年中国就发明了"机器人"，你肯定会觉得很奇怪。

这是现代机器人，古代的"机器人"是什么样的呢?

据《列子·汤问》记载，周朝时，周穆王去西巡，途中有一个名叫偃师的巧匠献上一个"机器人"。这个"机器人"不但能歌善舞，而且还能用眼睛和周穆王左右的侍女交流。周穆王看后非常高兴，就命侍官将"机器人"送回宫中珍藏起来。另外，据说三国时的马钧也曾制作过一个叫"百戏"的"机器人"。"百戏"由木材做成，以水为动力，能够做出击鼓吹箫、攀绳倒立、跳舞抛剑等动作。听起来够神奇的吧？可惜由于年代久远，这些古代"机器人"的制作工艺、详细的动力配备等资料都失传了。古代"机器人"的种种谜团，只能留待专家一一破解了。

巧匠马钧

难解的地动仪之谜

地动仪真的能预报地震灾情吗？
地动仪是依据什么原理制作的？

发明地动仪的张衡

东汉时，张衡发明了测量地震方位的地动仪。地动仪的中央立着一根铜柱，柱子周围有八条龙，按东、南、西、北、东南、西南、东北、西北八个方向布列。每条龙的嘴里都衔有一个铜球。地上有八只蟾蜍，张着嘴，分别对着八个龙头。当某个地方发生地震时，朝向地震方向的龙头就会张开嘴吐出铜球，落到蟾蜍的嘴里。地动仪真能准确预测地震的发生吗？

有一次，一个朝向陇西的龙头突然吐出了铜球，可是身处京城的人们丝毫没有发现地震的迹象，于是有人说张衡的地动仪不灵验。但几天后陇西有人来报，说那里发生了地震，人们这才相信地动仪的准确性。那么，地动仪是依据什么原理工作的呢？

有人认为，地动仪的工作原理是一个“倒立摆”，即一个尖脚棒槌直立在那里，哪个方向发生地震，它就会倒向哪个方向。但有人提出，整个地动仪又高又重，如此轻盈无根的倒立摆怎么会有足够的灵敏度反映地震呢？由于地动仪早已失传，它的制作原理也就成了一个千古之谜。

张衡发明的地动仪复原图

祖冲之计算圆周率之谜

祖冲之是在割圆术的基础上计算出圆周率的吗？
祖冲之是如何精确地计算出圆周率的？

祖冲之是我国南北朝时期杰出的数学家、天文学家。他计算出圆周率在3.1415926和3.1415927之间，这在当时的世界上是非常先进的。直到900多年后，阿拉伯数学家阿尔·卡西和16世纪的法国数学家维叶特采用了新的方法，计算出圆周率小数点后的精确值超过8位，才打破了祖冲之的纪录。

祖冲之雕像

祖冲之这一成就是如何获得的呢？有人认为，祖冲之是按照魏晋数学家刘徽的割圆术，设了一个直径为一丈的圆，在圆内切割计算的。也有人认为，祖冲之使用的是连分数法，因为求两个自然数的最大公约数的“更相减损术”远在《九章算术》成书时就已流行，所以借助这一方法计算圆周率应该是比较自然的。以上说法都有一定的道理，但祖冲之到底采取了哪一种算法，至今仍是个谜。

祖冲之正在计算圆周率。

印刷术西传之谜

印刷术是如何西传的？
为什么欧洲在中国800年之后才兴起印刷术？

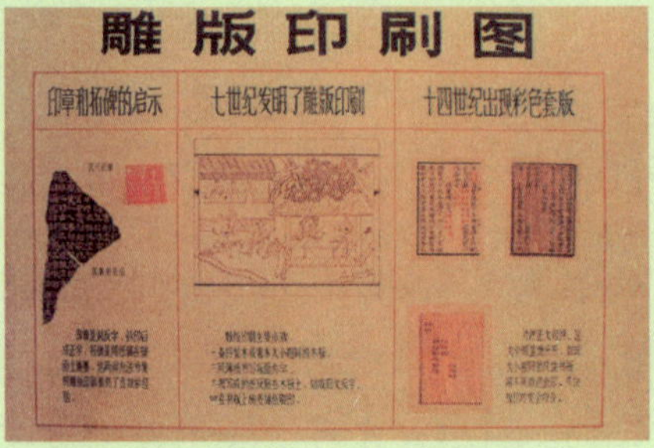

印刷术发明后，逐渐由中国向国外传播，首先是朝鲜、日本和东南亚诸国，之后又通过伊朗、埃及传到欧洲。中国在7世纪时已经发明了印刷术，而欧洲正式使用印刷术是在14世纪末，时间间隔长达800年之久，足见西传道路之曲折。那么，印刷术是如何西传的呢？

有人认为，印刷术西传是由回纥人（维吾尔族人的祖先）完成的。因为9世纪时回纥人居住在甘肃、新疆一带，当时那里正好是中西交通的枢纽。另外，考古学家在吐鲁番的古代遗迹中，发现了大量的印刷品残页和碎片。这些印刷遗物表明，约在13～14世纪，回纥人的印刷工业就相当发达了，而回纥人的印刷技术又源于宋朝和元朝。因为在20世纪初，考古学家在敦煌千佛洞发现的回纥人的木活字，是世界上现存最早的活字，而这完全是按元代的木活字版工艺技术制造的。这说明回纥人也曾大量印刷书籍，随着书籍的流传，他们将印刷术传到了中东、埃及，再传到了欧洲。

毕昇

正在研究活字印刷术的毕昇

有人认为，是十字军东征把中国的印刷品如纸牌、版画陆续带到了欧洲。欧洲一位学者曾经说："欧洲雕版书的印刷方法也一定是严格按照中国的样品复制的，把这些样品书带到欧洲来的是早期去过中国的人。"

有人认为，元朝初年，由于连年战争，蒙古大军横扫欧亚大陆，同时也把蒙汉文化带到了波斯（今伊朗）一带。这以后，波斯逐渐成为东西文化交流的通道。但是由于宗教的原因，波斯的印刷业没有很好地发展。

还有人认为，在13～14世纪，蒙古人曾经进攻过俄国，印刷术可能就在此时传入俄国，再由俄国传到欧洲。其根据是俄国的货币中有印着颜色的皮革和皮币，这无疑是参照蒙古人的纸币而印制的。

中国印刷术到底是如何西传的，至今仍然众说纷纭，我们只能期待更多的发现与考证。

科海探秘 Science

写韵刻字法与转轮排字法

由元代农学家王祯发明。写韵刻字法就是根据汉字的音韵、声调分类雕刻木活字并归类存放。转轮排字法是把木活字按韵排列在两个木制转轮上，人坐在中间排字。王祯的发明大大提高了印刷速度。

活字印刷术

古代“防火衣”之谜

古人真的发明了“防火衣”吗?
1700多年前的“防火衣”是用什么制成的?

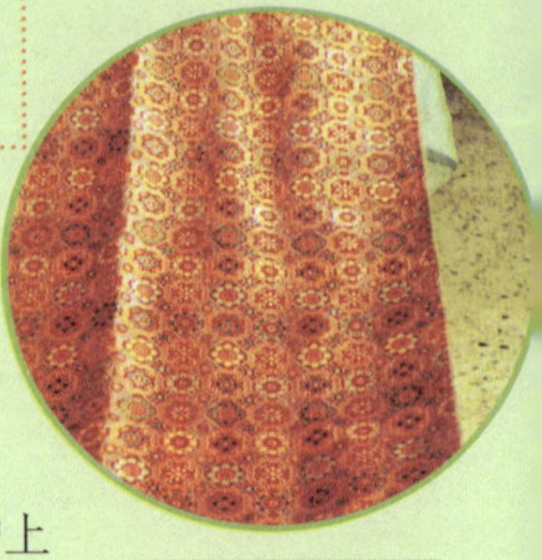
古代西域织物

据说，魏齐王当政时西域使节给他送来了大量的贡品，其中一块看似普通的布引起了在场所有人的好奇。西域使节自豪地说那是一块非比寻常的布，接着，西域使节把那块布放在炭炉上烧，只见烈焰升腾，噼啪作响。等火熄灭之后，西域使节再把那块布拿上来，大家发现那块布竟然丝毫无损，这显然是一块防火布。令人不解的是，1700多年前的这块防火布究竟是用什么材料制成的呢?

有人说，在西域的斯调国有一种特殊的树木，用它的树皮纺织成的布可以防火。还有的人说，昆仑山区有座火焰山，火焰山上的植物、鸟兽的毛都耐火，用这些植物、毛皮做成的布当然能够抗火了。还有人说，古代这种不怕火烧的布叫作火浣布，就是可以在火中洗涤的布。古人用石棉纤维纺成纱，织成布，然后做成“防火衣”。以上哪一种说法更合理呢?至今仍不得而知。

据说古代“防火衣”是用昆仑山区的火焰山上鸟兽等的毛皮制成的。

数百年前的“全息照片”

数百年前的“全息照片”有什么神奇之处？
清代的“全息照片”是怎么拍摄的？

现代激光全息摄影示意图

清人姚元之在《竹叶亭杂记》中，记载了一个有趣的故事。一个姓汪的官员外出时忽遇雷雨，于是停轿避雨，雨停后，他在轿子的窗玻璃上看到一个人影，而且人影一直不散，他觉得奇怪，回家后便将这块玻璃供奉起来了。不久，这块玻璃被打碎了，更奇怪的事发生了：如果对着阳光斜看玻璃，能看到每块玻璃上都有一个仪容端庄、栩栩如生的“仙人”。这很像我们今天利用激光光波干涉拍摄的全息照片。

为什么这块玻璃上会出现这种奇异的图像呢？有人认为，这很可能是磁场和高压电流共同作用的结果，而玻璃充当了底片,记录下了那个“仙人”的样子。有人认为，很有可能是雷电激发了大气的原子。使其发出激光，而激光束正好照射到那位“仙人”身上，获得了他的图像信息，最后又照在玻璃上。还有人认为，很可能因为玻璃受到磁场的干扰，具有了某种特殊的“录像”功能。种种说法，莫衷一是。

利用现代激光技术制成的全息照片能够呈现出物体的立体影像。

木牛流马到底是什么

诸葛亮的木牛流马真的存在吗?
木牛流马是独轮车吗?

现代人复原的木牛流马

蜀相诸葛亮晚年曾率军五出祁山，北伐曹魏，但每次都无功而返，他本人也病卒于北伐途中。“出师未捷身先死”，成为诸葛亮终生的遗憾，但他在北伐途中发明的木牛流马千百年来却一直为人们津津乐道。

从史书所载的关于木牛流马的相关资料来看，木牛流马应该确有其物。因为没有任何实物或图片流传下来，后人难以复制，也就无法窥测其中的奥妙与玄机了。目前，多数史书都笼统地说，木牛流马是诸葛亮发明的一种运输工

在如此艰险的蜀道上行驶的木牛流马到底是什么样的?

具。那么，它到底是一种什么样的运输工具呢？

据史书记载，木牛流马“方腹曲头，一脚四足，头入领中，舌着于腹，载多而行少，独行者数十里，群行者二十里……”因此，大部分学者认为，诸葛亮的木牛流马实际上就是如今在四川仍大量存在的四轮车与独轮车。诸葛亮北伐曹魏，所需粮草从遥远的川西平原运到秦陇地区，沿途既有平原，也有山地，艰险崎岖。另外，蜀汉偏处西南一隅，人力马匹都很有限，为了与北方曹魏的骑兵抗衡，大多数马匹都被用于作战，运输粮草大多要靠人力，而以人工为主的木牛流马恰恰弥补了这一缺陷，故而被蜀军大规模地使用。

对上述看法持有疑问的人指出，独轮车、四轮车的机械原理十分简单，而且独轮车在此之前就已存在了，诸葛亮只不过是“沿用”而已，为何史书会大书特书呢？为了证明木牛流马的存在，新疆的一位工程师还做成了三件木牛流马，每一件都是一架四足步行机，手扶后边的双辕就能使之迈步行走。美中不足的是，这些木牛流马都不具备负重功能，行李一压，就走不动了，而诸葛亮的木牛流马在北伐途中肩负着重要的运载任务，负重行走是必需的。因而，诸葛亮的木牛流马究竟是什么样的，至今仍然是一个谜。

诸葛亮

科海探秘 Science

鲁班造的木车马

其实，木牛流马最早可追溯到春秋末期。据东汉学者王充在《论衡》中记载，鲁国木匠鲁班手艺巧夺天工，他做的木马会跑，木鸟会飞。他曾经为母亲制作过一台木车马，这辆木车马装备了许多机关。

谁发明了车船

车船是什么样的？
车船有什么独特之处？

祖冲之

据说，在南宋的杨幺农民起义中，农民军使用过一种新式的战舰。这种战舰前后有两对轮子，用脚踏轮子就能快速前进，而不必使用手桨。农民军称这种战舰为“车船”。车船虽然未能在各水系普遍使用，但它历史悠久，对中国船舶的发展起过很大作用。那么，车船是谁发明的呢？

有人认为，史料中有农民军使用车船的记载，却没有关于车船来历的说明，这意味着车船很可能是农民军自己发明的。但被更多人认同的说法是，车船是由南宋的水军木工高宣发明的。南宋王朝派去镇压农民起义的军队，曾经大量使用过车船，农民军使用的车船就是从官兵手中夺取的。还有一种说法认为，车船是唐代节度使李皋发明的。还有人把车船发明的时间推到南北朝时期，认为当时著名的数学家祖冲之发明的“千里船”就是以轮代桨的车船。

车船的发明者是谁，至今没有统一的说法。

战船

江东桥建造之谜

为什么说江东桥是历史奇迹？
江东桥的石梁是如何架到河上的？

与江东桥同时代的八字桥

福建省龙海市的江东桥，是中国古代的名桥。江东桥是一座多孔梁式石桥，初建于南宋。相传在建桥初期，桥墩建了好几次都没建稳当。一次偶然的机会，工匠看到一只大老虎背着一只小老虎跃过江面时，在江心轻轻地点了一下就顺利过去了。工匠从中得到启示，终于找到隐藏在水中的礁石，在礁石上垒建桥墩后，桥基就稳固了。

“老虎负子过江”固然只是一个美丽的传说，然而江东桥确实是一个历史奇迹。这里地处九龙的北溪与西溪交汇入海处，江宽流急，两岸地势险要。江东桥的石梁每条长20多米，重量在100吨以上，最重的达到200多吨。如此巨大超重的石梁，在当时运输和起重设备落后的条件下，工匠们是如何把它们架到急流之上的呢？至今无人能解。

扬州玉版桥

天坛回音壁之谜

天坛回音壁有什么奇特之处？

天坛回音壁为什么会产生回音？

天坛回音壁

天坛位于北京永定门内东侧，始建于明永乐十八年（1420年），为明、清两代皇帝祭天、祈祷五谷丰登之所。坛内主要建筑有祈年殿、皇穹宇和圜丘坛等。圜丘坛是一个三层的露天白石圆坛，其周围有双重围墙，墙面光滑，外方内圆。如果游人站在石坛上层中心的太极石上说话，可以听到墙壁处有很大的回音，似乎有一股巨大的声浪从四面八方涌来，有一呼百应之感，因而此墙被称为“回音壁”。怎么解释这种现象呢？

有人推测，圜丘坛的回音现象源于台面的特殊结构。其中心（太极石）较高，四周则向下倾斜，整个台面不是一个水平面，栏杆与平台面形成的交角也小于90°，因此，人站在太极石上发声，声音向四方扩散，到达四周围墙时反射回来，都向太极石所在的中心位置汇集。因而，人在发声之后，听起来感觉特别响亮，而且持续时间较长。但这种推测是否合理，还有待研究。

圜丘坛的回音现象可能源于台面的特殊结构。

五音桥的奇妙乐音

五音桥是怎么得名的？
五音桥为什么能发出奇妙的乐音？

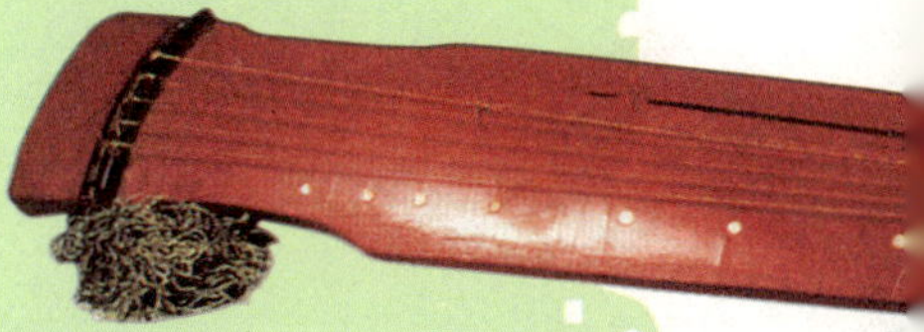

在古琴中，有徵、羽、宫、商、角五个音，而敲击五音桥时，也会发出这五个音。

河北省遵化市西北的东陵内建有石桥百余座，其中有一座七孔五音桥最大、最奇特、最神秘。此桥全长110米，宽9米，两侧有石块126块，形状及大小相同。如果轻轻敲击桥上的栏板，桥就会发出各种悦耳的声音，这些声音包罗了我国古代声乐中的徵、羽、宫、商、角五音，所以被称为“五音桥”。那么，五音桥为何会发出如此美妙的乐音呢？

有人说，这是因为造桥时用了非常独特的石料。除了全部桥身用汉白玉石材拱砌之外，能发出音响的栏板，全由洁白、细腻的方解石雕刻而成，这种石材约含有50%的铁质，因此轻轻敲击，就可发出悦耳的金属声音。还有人说，乐音是当时的工匠在建桥时根据我国古乐中的五个音阶的区分，运用特殊的工艺处理而形成的。到底哪一种说法更合理，仍需要专家进一步研究。

五音桥在清东陵内。

“日月争辉”之谜

“日月争辉”景观“奇”在何处？
为什么在避暑山庄白天也能看到月亮？

“日月争辉”景观就在文津阁前。

承德避暑山庄是清王朝修建的行宫。山庄内有众多妙趣横生的景点，其中最奇妙的要数“日月争辉”奇景了。在避暑山庄的文津阁前有一池清水，池后有假山，假山中有石洞。在艳阳高照的白天，游人可以同时在水池中看到一弯新月和一轮红日。200多年前的古代工匠们，是如何做到在水中造月，令日月争辉的呢？

有人认为，这是当时的巧匠在建造文津阁的假山、水池时，在假山朝阳的一面，砌筑了一个下弦月形的石孔，当阳光射向假山时，便有一束光线通过月牙形石孔射向水面，而水面又将光束反射出来。按照反射原理，当游人注目于反射角所处位置时，都可见到一弯上弦月反射到水面上，并与倒映于水中的日影相映争辉。以上只是一种推测，至于“日月争辉”究竟是怎样形成的，至今仍然是个谜。

“日月争辉”是承德避暑山庄内著名的景点。

[第四章]

追踪科技“奇象”

如果说我们对世界的已知是圆内部分，那么我们对世界的未知就是圆外部分。现代科技发展日新月异，我们的圆也随之不断扩大，但随着这个圆越来越大，我们接触并向往的科技“奇象”也越来越多。我们想知道，坦克隐形可能实现吗，人体静电能给手机充电吗，能让机器人思考吗……或许，在不久的将来，我们现在无法解开的科技“奇象”，将被一一破解。

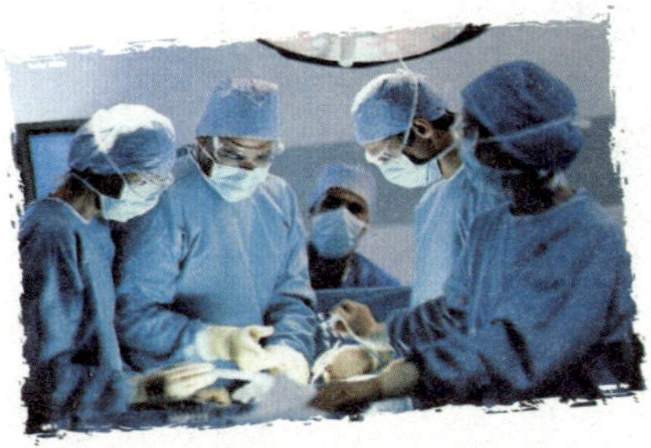

神秘的怪坡

怪坡"怪"在何处?
怪坡现象是怎么形成的?

图中用栏杆围住的就是大名鼎鼎的沈阳怪坡。

我国沈阳、韩国济州岛、美国犹他州等地都发现了"怪坡",这些怪坡有着相同的特点:汽车下坡须加大油门,而上坡时即使熄火也可以到达坡顶;骑自行车时,下坡要使劲蹬,上坡却要握紧车闸;人们在坡上行走,也是下来费劲,上去省力。这是怎么回事呢?

有人推测在怪坡西侧有一个磁场或引力场,其磁力之大,足以吸引各种车辆和行人轻松西行,遗憾的是,至今没有人能够探测到磁场产生的确切地点及强度。以著名物理学家李政道为首的一些科学家对此持否定态度,他们曾带着大小两个篮球和铁球到怪坡测试,结果发现,两个球体都向坡上滚动,因而磁场作用的说法是站不住脚的。

有人认为,这是由于某种原因导致重力场上的某个或某几个点分布异常而形成的。

大自然中违背常理的现象很多,除了怪坡现象,有的地方还有"水往高处流"的奇异景观。

地球上的物体都受到地心引力的作用，但怪坡上的物体会自行向坡上移动则完全不同于一般的力学情况。但有人质疑：为什么产生这种现象的范围只局限于这条长七十多米的坡路？为什么怪坡附近没有发生这种现象？

还有人认为，这是一种视觉误差，这个感觉是下坡路的怪坡，其主体部分实际上仍是一段上坡路，不过比它前后两段上坡路的坡度平缓得多。另外，怪坡处在两段陡坡之间，从一端往前看，迎面是山，从另一端往后看，落在视野中的是路面和天空的交界线，加上四周全是倾斜的山坡，找不到一个可以作为基准的水平面，这就很容易引起视觉上的误差。但是，测量发现，怪坡的坡度约为1.87°，而两侧的海拔高度落差为1.2米，实际证明这不是视觉误差。

种种说法，都无法给怪坡现象的成因以准确的定论，我们期待科学家进一步的研究。

美国的犹他怪坡也出现了“上坡容易下坡难”现象。

地球上的物体都受到地心引力的作用，难道在怪坡上这种引力消失了吗？

科海探秘 Science

重力之山

美国犹他州的重力之山也是一座怪坡，它的直线距离约500米、坡度陡峭。倘若你驱车到此地，将车停下，松开制动器，汽车就好像被一种无形的力量拉着，缓缓地自行向山坡上驶去。

石头为什么会长大

石头真的会长大吗？
普通的石头为什么会长成石狮？

除了会长大，石头或许还有许多不为人知的秘密。

在我们的认识里，石头是没有生命的，只要没有外力的作用，它就会一直保持着相同的形状或大小。可是，我国湖北省钟祥县却有一块会长大的石头，而且这块石头竟然越长越像一只狮子。

石头位于当地一位名叫高涛的老人家中。据高涛老人说，当年高家盖房子时发现这块石头，由于嫌麻烦，加上石块很小，便没有移动它。没想到随着时间的推移，这块石头长成长约360厘米、宽约230厘米、高约210厘米的大石狮，并且石狮仍在继续长大。为什么这块石头会长大呢？

有人认为，世间万物都在变化发展，石头可能也不例外，因为阳光雨露使石头内部的组织结构发生了巨大的变化，所以石头渐渐长大。还有人认为，这或许不是一块普通的石头，它的内部组织结构可能不是石头的成分，只是表面上看起来像石头罢了。看来，石头到底为何长大，仍有待专家进一步调查研究。

大自然中有许多奇特的石头。

惊人的海底无底洞

海底的无底洞是什么样的？
爱奥尼亚海域的无底洞里的海水到哪里去了？

海底如果有无底洞，会跟图上的洞相似吗？

在希腊的爱奥尼亚海域附近，有一个巨大的无底洞，几百年来，这个洞一直在吸取大量的海水。据估计，这个无底洞，有点类似石灰岩地区的漏斗、竖井、落水洞等地形，每天约有3万吨的海水消失于这个无底洞里。

这个无底洞吸引了众多科学爱好者前往考察、试验。一次，他们用玫瑰色的塑料小颗粒替水做“记号”。当他们将130千克重的塑料小颗粒全部抛入旋转着的海水里时，顷刻间，所有的塑料颗粒聚在一起，全被无底深渊吞噬。队员们驾着船逡巡了很久，也没有在附近发现一粒玫瑰色的塑料颗粒。

到现在，人们仍没有弄清楚：为什么海水会无休无止地从这里“漏”下去？这个无底洞有没有出口？如果有，它在哪里？每天从中漏下去的大量海水到哪里去了？这一系列的谜团，至今没有解开。

人们推测，爱奥尼亚海域的无底洞是一种漏斗状的地形。

彼奇湖为何会产沥青

彼奇湖为什么能自动将开采的大坑填平？
彼奇湖的沥青是由地壳运动形成的吗？

传说，彼奇湖沥青的成因与印第安人有关。

彼奇湖位于美洲加勒比海东南的特立尼达岛上，这个湖面积约0.36平方千米，湖里没有多少水，但是湖中心却源源不断地涌现出优质的天然沥青。这里的沥青漆黑油亮，被人们称为“乌金”。曾经有人用工具探测彼奇湖，发现在湖心90～100米的深处仍是沥青。更奇怪的是，这个湖似乎有一种神奇的本领，一夜之间就能自动将开采沥青的大坑填平，所以湖面从不因开采而下降。据一些地质学家估算，如果以每天开采100吨沥青计算，即使再开采200年，湖中的沥青也不会被开采尽。为什么彼奇湖会蕴藏着丰富的沥青？

在当地流传着这样一个神奇的故事。数百年前，生活在这里的印第安人视蜂鸟为他们祖先的灵魂而虔诚地供奉，在他们的保护下，这里成了蜂鸟的家园，没有人捕杀或伤害

彼奇湖的优质沥青是建设公路的好原料。

沥青在公路建设中功不可没。

蜂鸟。一次，一个勇猛的印第安部落打败了外敌的入侵，当夜，他们举行盛大的庆功宴。席间，有人将捕来的蜂鸟活杀，做成菜肴供大家品尝，谁料这一举动招致灭顶之灾。天神为了惩罚这些残暴的人，就将整个村落连同这个部落的人一起深埋到地下。不久，这里就开始汩汩地冒出沥青，形成了沥青湖。

当然，传说不足为信，地质学家们专注于从科学的角度出发，寻找彼奇湖沥青的成因。有些地质学家认为，彼奇湖正好处于两个断层的交界处。由于古代地壳变动，岩层断裂，因而沉积在深层的石油和天然气被挤压上来，经长期与泥沙等物化合，最终变成沥青，以后又不断地在海床上堆积和硬化，形成了沥青湖。还有的地质学家认为，这里原来是一座死火山，湖泊是石油和天然气在地底下与软泥流等物质长期混合，以后又涌到死火山口才形成的。

到底哪一种说法更可信呢？相信随着科学的发展，人们很快会知道答案。

科海探秘 Science

彼奇湖的古树干

1928年，彼奇湖附近的居民突然看到一根4米多高的树干从湖中冒出，直到一个月后它才慢慢沉到湖里。不少科技工作者闻讯而来，对树干进行鉴定，结果发现，这树干已有5000多年的历史了。

彼奇湖的湖心居然出现了类似这样的古树干。

“神秘地带”为何怪事多

“神秘地带”有什么奇怪的现象？
“神秘地带”的奇怪现象是怎么形成的？

“神秘地带”位于美国加利福尼亚州圣塔柯斯镇西郊，它被四周郁郁葱葱的森林包围，显得小巧而别致。但就是在这个弹丸之地，发生了许多令人瞠目结舌的怪事。从圣塔柯斯镇到“神秘地带”，需要经过两块石板。每块石板面积 1 平方米左右，它们之间相距约 40 厘米，在同一水平面上。据说，假如有一高一矮两个人各自踏上一块石板，人们就能够看到以下奇迹：原来身材矮小的人骤然变得比身材高大的那个人还要魁梧。假如两人互换位置，身材矮小的人会变得更矮小，而身材高大的人将变得更高大。假如他们俩频繁交换位置，则他们的身高也会频繁地拉长或缩短。

来到“神秘地带”的中心，映入眼帘的是一间小木屋。往屋子的侧

从表面上看，“神秘地带”与这样的树林毫无二致。

"神秘地带"也有一间这样的小木屋。

面看，会发现一块木板伸向外面，无论从哪个角度看，这块木板都是明显倾斜的。而且，这块木板似乎有一种神奇的力量，能够使板上的物体自动向上滚。有人曾经将一个高尔夫球放在木板的最上端，结果发现球竟然没有往下滚落，这个人试着用手将球推向下边，球只是被迫缓缓地滚动几圈，然后又自动地滚回上端。

在相邻的另一间小木屋里，横梁上悬挂着一条铁链，铁链的下端系着一个像钟摆一样的圆形物体。只要你将这个"钟摆"向一个方向轻轻一推，甚至微微碰一下，它便能摆动起来。可是如果你朝反方向推它，即使用上全身的力气也很难使它摆动。更有趣的是，这个"钟摆"还会自动改变摆动方向，一会儿前后摆动，一会儿左右摇动。

太不可思议了！科学家做了种种试验与推测，却没有找到产生这些现象的原因。有人估计，"神秘地带"的地下物质的密度发生了变异，从而使地球引力和磁力作用的方向、大小产生了较大变化，最终导致了这些奇怪现象的产生。但是，这一假说至今没有得到证实。

科海探秘 Science

北纬30°的奇景

美国的密西西比河、埃及的尼罗河、伊拉克的幼发拉底河等，均在北纬30°入海。在这一纬度线上，有许多神秘而有趣的自然现象，如巴比伦的"通天塔"、加利福尼亚州的"神秘地带"等。

传说中的巴比伦"通天塔"也是一个谜一样的地方。

陨石连续降落之谜

陨石为什么连续5次击中同一个地方？
陨石的降落与磁场有什么联系？

一般情况下，我们难得见到陨石坠落在地球上的情形，但是波黑有一个叫拉迪沃杰·拉吉克的男子的家却连续5次被陨石击中。

2007年11月，天空下起倾盆大雨，一块陨石突然砸中拉吉克的屋子，此后，陨石又接连4次光临他家，而且每一次都是在阴云密布的雨天。这引起了拉吉克的恐慌，他认为，自己被外星人盯上了，否则自己的屋子怎么可能连续5次被陨石击中？拉吉克一遇到阴雨天就难以入眠，他常常担心陨石再次来袭。

专家们对坠落的石块进行了鉴定，发现这些奇形怪状的石块确实是“天外来客”。但是，他们认为陨石之所以频频击中拉吉克的家，可能跟当地特殊的磁场有关，而不是拉吉克所说的他被外星人盯上了。

陨石到底为何如此青睐拉吉克的家，目前专家仍在调查之中。

进入地球大气层的陨石

奇冰降落之谜

为什么说奇冰很奇特？
这块奇冰从哪里来？

当天没有飞机从该地上空经过，因而这块冰不可能是从飞机上掉下来的。

1987年5月14日，河南省周口市北郊乡许营村发生了一件奇怪的事：下午5时左右，正坐在堂屋门前的村民朱凤英忽然听到一阵由远而近的呜呜声，她抬头一看，一道黑光从天而降，紧接着，一个圆柱状的东西落在距她约10米的地方。这个东西呈青蓝色，散发出浓浓的香皂味。它的直径约25厘米，厚度为8厘米，约重1千克。柱体的一面光滑平展，另一面却布满了麻点，中间还有一个带麻点的小圆坑，圆坑的直径约5厘米，深约3厘米。用手一摸，感觉冰凉透骨。

消息传开后，许多村民蜂拥而至。人们发现冰体较坚硬，要费好大的劲才能把它砸烂。更奇怪的是，有几位村民用冰块涂擦胳膊，虽然多次进行搓洗，但3天后香皂味仍然留存。还有人将冰块装在瓶子里化成水，发现冰水也是蓝色的。

奇冰是从哪里来的呢？有人说是从飞机上掉下来的，有人说是天上下的冰雹，还有人说是陨冰。但当天该地既没有飞机从上空经过，也没有发现明显天气变化，而且说它是陨冰也无法找到证据。因而关于这块奇冰的谜，至今无人能解。

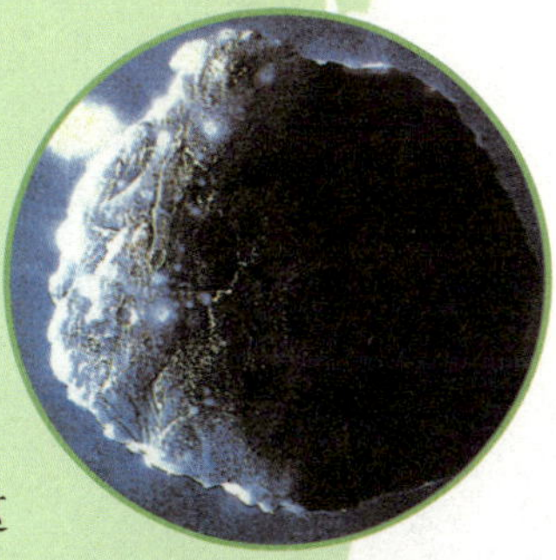

这块奇冰是一块陨冰吗？

奇冰融化后的水也是蓝色的。

冰川湖失踪之谜

冰川湖里的冰融水到哪里去了？
水压作用是导致冰川湖失踪的原因吗？

冰川湖底的裂缝比我们常见的岩石裂缝大得多。

一到夏季，格陵兰岛上的冰盖表层就会因温度升高而融化，形成众多冰川湖。科学家在观测这些冰川湖的卫星图像时，发现许多冰川湖在一夜之间神秘消失。那么，冰川湖中的冰融水究竟到哪里去了？

为了解开这个谜，美国的科学家对一个形成于2006年的冰川湖进行了观测，他们在湖周围安放了测量仪器，成功地探测到湖底有一道巨大的裂缝。进一步的观测表明，一天之内，约有439亿升冰融水顺着这个裂缝，径直穿过厚约975米的冰盖与基岩交接处，而且水流速度非常大。同时，流入冰盖底部与基岩交接处的冰融水能产生强大压力，使冰盖抬高。

尽管科学家已经从理论上证明水压作用是导致冰川湖消失的“罪魁祸首”，但是冰盖表层的冰融水是怎么穿透厚实的冰盖，形成一道直通冰盖底部的裂缝的？水力压裂过程是否真的存在？对此，科学界仍有争论。

冰川湖

怪地之谜

怪地有什么怪异之处？
怪地真的与地下水脉有关吗？

水辐射有极强的穿透力，会损害人体健康。

“怪地”在波兰首都华沙附近一条三角形公路的中心。说它怪，是因为司机只要开车进入这个三角路段就会不由自主地精神恍惚、头昏眼花、全身乏力，随后失去自制能力，甚至发生离奇的车祸。为什么怪地这么怪呢？

有人认为，是“地下水脉”在作怪。所谓水脉，就是专指地下一定规模的水聚集在一起的状态。当水脉流动时，会形成强大的物理冲击力，产生放射强度大且具有很强穿透力的辐射，使刚好在“水脉焦点”上的人受到伤害。而专家在探测中发现，在华沙这块怪地下面恰好有一个由地下河组成的流水网，它所形成的水脉辐射量比宇宙射线还要强好几倍。所以，司机经过此地时，会由于受到辐射而失去自制能力。

但是有人认为，并不是所有经过怪地的车都出车祸，因而用“地下水脉”来解释怪地现象有点牵强。看来，怪地现象产生的真正原因是什么，仍需专家进一步探究。

从表面上看，怪地的路况与其他城市的路况没有差别。

“死神”鱼雷为何漂洋过海

“死神”鱼雷为什么能在海洋中漂荡50年？
“死神”鱼雷不沉的奥秘是什么？

鱼雷

鱼雷是一种消耗性水中兵器，形状就像一根大圆柱子，头部装着引信和炸药，中部装有燃料和动力装置等，尾部装着推进器。鱼雷一经发射，要么与目标同归于尽，要么自沉于海底。然而，在世界海战史上，有一枚鱼雷发射出去后，既没有击中目标，也没有沉到海底，它像一个幽灵一样，奇迹般地漂洋过海，周游世界，直到50多年后才销声匿迹。

1916年5月31日，在日德兰半岛附近的北海海面上，英国舰队和德国舰队正进行着一场殊死战斗，这就是世界海战史上著名的“日德兰海战”。为了应对德国舰队发射的鱼雷，英国舰队中“鲁斯普斯”号发出一枚代号为“死神”的鱼雷。该鱼雷的杀伤力相当于10吨TNT炸药（一种烈性炸药）。“死神”鱼雷箭一般地冲向一艘德国战舰。但它并没有击中目标，也没有沉到海底，而是神秘地漂入了大海。

此后，这枚鱼雷在海面上漂荡着，曾经多次与德国潜艇打过照面，

鱼雷是海军的重要武器。

鱼雷一经发射，要么与目标同归于尽，要么自沉于海底。

科海探秘 Science

“水中导弹”——鱼雷

鱼雷是海军的重要武器，主要攻击目标是战舰和潜水艇。鱼雷具有航行速度快、航程远、命中率高和破坏性大的特点，现代鱼雷在发射后还可以自己控制航行方向和深度，是当之无愧的“水中导弹”。

也和公海上的商船绕过圈子，令人伤透了脑筋。美国海军两次试图用反鱼雷装置将它击毁，但均以失败告终。此后的许多年间，世界上很多海域都曾经出现过它的身影，如北大西洋、百慕大三角、委内瑞拉海岸、巴拿马运河、太平洋……由于这枚鱼雷太诡异了，以致有些在海域里行驶的商船只要一发现它的踪影，就慌忙改变航线。有些商船为了躲避它，慌乱之中还撞上了暗礁，造成了巨大的损失。“死神”鱼雷成了名副其实的“死神”。

一般来说，鱼雷主要使用热动力和电动力，它本身并没有多大能源，航程一般都不会超过40千米。即使是最新式的鱼雷，航程也只有40千米。可是，从1916年开始，“死神”鱼雷在各海域漂荡了50多年，航程已经达到28万千米。在此期间，它既没有经过维修，也没有任何补给，为什么能够漂荡这么长时间呢？这至今仍是一个谜。

鱼雷舰

坦克隐形可能实现吗

坦克如何在环境“掩护”下“隐形”？
坦克隐形需要什么条件？

隐形术是人类的一个梦想，无论是在古代的神话传说中，还是在现代的科幻小说里，我们都能够感觉到它的威力：神出鬼没，出奇制胜。因此，隐形也成为军事家们梦寐以求的事。目前，科学家们已借助现代科技，研制出了各种隐形武器装备，如隐形战斗机、隐形水雷等。那么，坦克这种庞然大物有没有可能实现隐形呢？

世界隐形物理学权威、伦敦帝国学院教授约翰·彭德瑞认为，坦克隐形是可能的。其依据是，英国国防部采用了一种先进的技术进行测试，成功地令坦克甚至军队在人们面前“消失”。这一测试是由英国皇家工程兵部队和英国国防技术奎奈蒂克公司共同完成的。测试时，需要用摄像机和投影仪将坦克身后的景色拍摄下来，

如果给坦克“穿”上一件由纳米材料制成的“隐身衣”，坦克隐形就有可能会实现。

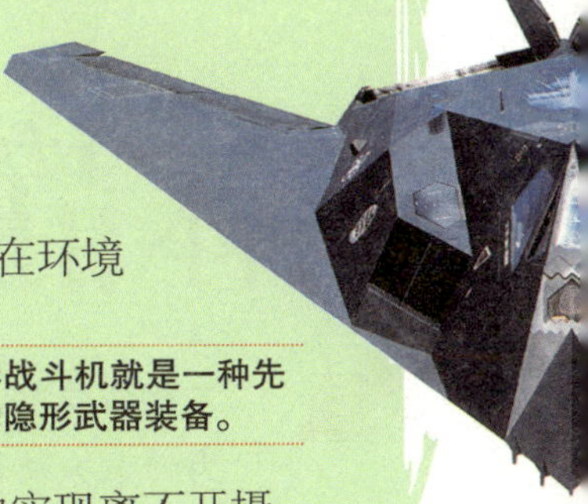

然后再把画面投射到经过特别改装的坦克身上。由硅材料制成的坦克外壳能最大限度地达到反光效果。此时，人肉眼看到的是一幅经过“拼接融合”的画面，而坦克就在环境的“掩护”下“隐形”了。

隐形战斗机就是一种先进的隐形武器装备。

不过，有些科学家认为，利用摄像机和投影仪实现坦克“隐形”有明显的缺陷，即这种“隐形”的实现离不开摄像机和投影仪的帮助，而且只有从某个角度看坦克才是“隐形”的。要让坦克不依靠摄像机和投影仪也能隐形，并且无论从哪个角度上看，都可以实现“遁形”，这就需要在坦克车身覆盖上一层由纳米材料制成的“隐身衣”。如果这一技术获得成功，坦克就可以“忽隐忽现”了。而实现这项技术的关键在于一种名为“超材料”的非天然物质，它具有天然材料所没有的人工复合结构，如果控制“超材料”的分子结构，就能使这种材料以非自然的方式改变光波传播路线。目前，这种材料还在研制过程之中。因此，坦克能不能实现真正的隐形，还很难说。

科海探秘 Science

隐形战争

随着隐形武器陆续登上战争舞台，一种新的战争形态——隐形战争也随之出现。由于隐形武器具有很强的隐蔽性，所以能够来去自如地展开攻击等行动，最大限度地打击对方并保全自己。

如此庞然大物也能隐形吗？

人体静电能给手机充电吗

为什么有的人能用身体给手机充电？
为什么人体静电会干扰电器设备的正常工作？

在秋冬季节，当我们早上起来梳理头发，常会出现“怒发冲冠”的现象；脱毛衣时会听到噼里啪啦的响声，有时候还能够看到毛衣上星星点点的火花；用手碰金属门手柄时，常常会有一些小火花从金属手柄跳到手上，这都是一些常见的静电放电现象。据说我国福建省福州市的李女士能利用身体所带的静电给手机充电，这真令人难以置信！

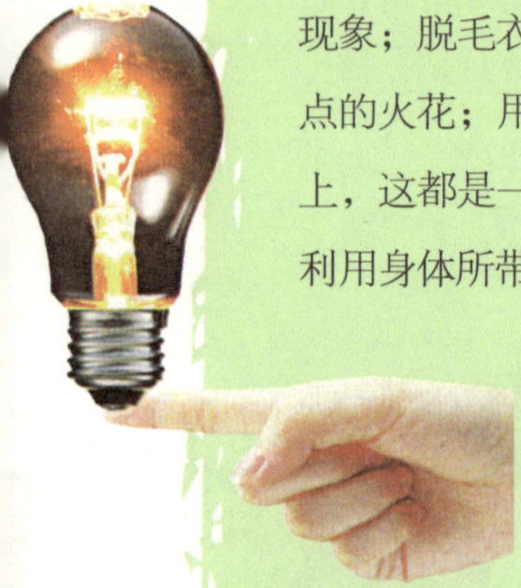

李女士多年来一直深受静电的困扰，尤其是在每年的冬天，她身上带的静电特别强，当手碰到金属物品时，会发出“啪”的响声，还带有小火花。有一次李女士碰了同事的电脑后，电脑里保存的资料和数据竟然全部丢失。更

▲人体的静电可能使电灯亮起来吗？

▼假如人体积累的静电电压很高，就可能干扰电器设备的正常工作。

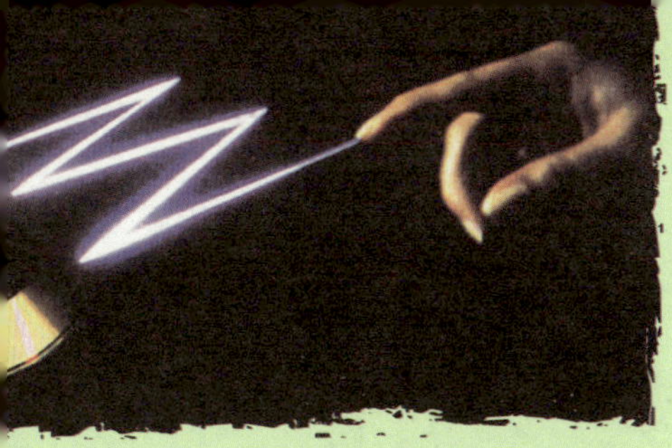

实验发现，有人可以利用冥想在肌肉中产生静电。

加令人奇怪的是，有一年冬天的一天，她拿原本只剩下一格电的手机打电话，过了一会儿，奇迹出现了：手机的电变成了满格！像这种手机被意外充电的情况以后又发生过好几次。研究发现，当人体积累的静电电压很高的时候，静电辐射的电磁场的确能干扰电器设备的正常工作，比如造成计算机数据丢失、死机等。而通过检查，李女士身上确实有比常人更多的静电。那么，她体内的静电真的能给手机充电吗？

有人认为，这是不可能的。因为如果要给手机充电，必须提供持续流动的电荷，即电流。而静电是一种不流动的电荷，如果不放电，就不会形成电流。即使静电放电，过程也非常短，几乎是几十个纳秒（一纳秒等于十亿分之一秒）或者几百个纳秒的时间就完成了放电，持续时间很短。所以，人身体上的静电不可能给手机充电。

有人却认为，人体静电给手机充电完全有可能。因为事实胜于雄辩，有不少人亲眼看到李女士拿过的手机电池由一格变为满格，如果不是她体内的静电给手机充电的结果，又该如何解释这一现象呢？看来，人体静电到底能不能给手机充电，仍有待专家进一步研究，予以科学解释。

静电放电现象

科海探秘 Science

静电对人体的危害

静电对人体危害较大。这是因为静电不断吸附周围的尘埃，其中可能含有害物质，如病毒、细菌等，这些有害物质聚集在人体上会影响人体健康。

机器人思考之谜

机器人可能实现智能化吗？
如何让机器人像人一样思考？

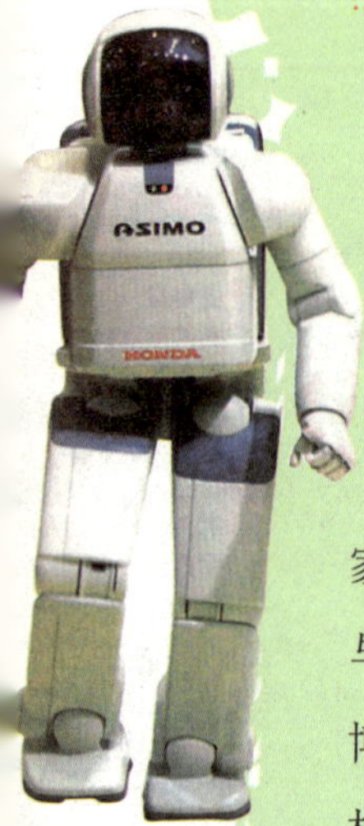

传统的机器人都显得非常笨拙，必须依靠人才能完成相应的工作，因此，让机器人拥有与人类一样的智能，一直是科学家们的梦想。

目前，科学界有三种制造智能机器人的方法。第一种是借助生物学中的进化理论，让机器人也拥有进化的力量。主张这种方法的科学家认为，必须利用自然选择的力量来获取高品质的智能机器人。而且，与生物相比，机器人的进化可以大大缩短时间。第二种由美国科学家博恩提出，他希望可以制造一种名为“脑组织扫描仪”的新型显微照相机，通过对人脑的扫描获得神经图谱，按这个图谱设计出来的机器人就有可能拥有思维能力了。这又称为“大脑逆向工程”。第三种方法是制造“电子人”，科学家完全按照人类的身体构造（尤其是神经系统的结构）来设计机器人，与人类一样，这种机器人的基本单位也是细胞，因而，可以像人一样思考。这些方法能让机器人拥有人类那样的智能吗？这就需要科学家进一步研究了。

机器人可能像人一样思考吗？

机器人为何“逃跑”

机器人已经具备“逃跑”的智能了吗？
机器人是怎样“逃跑”的？

一旦机器人智能化，会不会产生许多类似“迪克”“逃跑”那样的现象？

随着科学的发展，不少国家已经制造出有简单思维能力的类人机器人，它们能做一些简单的选择与判断。据说，美国科学家设计的一个类人机器人竟然自己从机场“逃跑”了！

这个类人机器人名叫“迪克”，“长相”很像美国已故科幻作家菲利浦·迪克，就连声音也与他极为相似。它能够自由地和人进行交谈，还能认出自己的朋友。然而，在一次托运到加利福尼亚州机场的途中，“迪克”却离奇地“逃跑”了。

“迪克”为什么要“逃跑”？有人说，“迪克”可能像人一样，厌倦了让人操控和观摩的生活；也有人说，“迪克”具有简单的思维能力之后，可以在一定的范围内自由地“跑”，不必完全受人类控制；另一些人则认为，机器人不可能不服从人的命令而自行逃走，“迪克”的“人工智能”和机械功能还没有先进到可以自己逃跑的地步，一定有其他原因导致“迪克”“逃跑”。种种说法，莫衷一是。“迪克”为什么要“逃跑”，至今仍是一个谜。

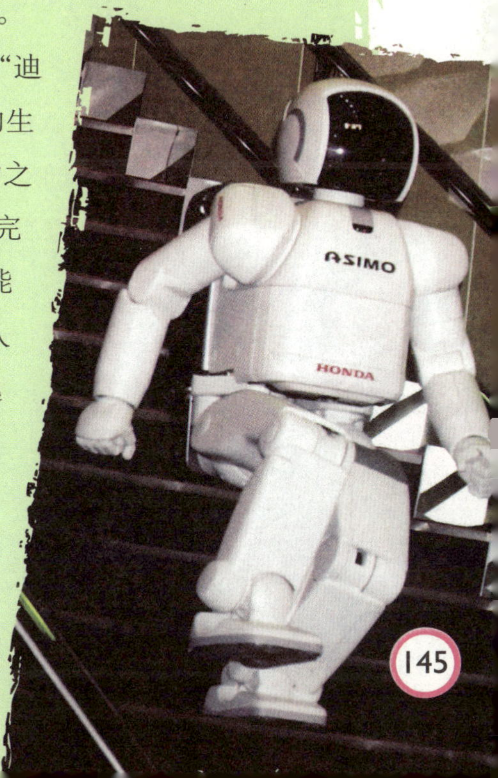

拥有简单思维的类人机器人

饱受争议的“芯片人”

在人体内植入芯片为什么会引起争议？
长期植入芯片是否会对人体产生危害？

有些精密的芯片可以接收卫星发出的全球定位坐标。

美国佛罗里达州有一个家庭的3名成员，分别在体内植入了一个计算机芯片，成为美国首批“芯片人”。这种计算机芯片是一个只有米粒大小的超微型芯片，它被植入实验者的背部。植入后，人可以借助芯片与电脑交流，芯片可以被手持扫描仪读出。扫描仪发出的电波会激活芯片，传回含有芯片携带者身份的数据信号。然而，这一尝试在世界范围内引起了争议。

支持者认为，人体芯片只需要在中央计算机中输入一些数据，就可以随时调阅芯片携带者的相关信息。在体内植入这种芯片后，人们不仅可以根据芯片携带者身份的数据信号来辨别身份，还可以保存重要的医疗信息、监控病情等，非常方便、实用。

反对者则认为，有了这种芯片，人类将没有任何隐私可言。而且，假如犯罪团伙掌握了这种芯片技术，神不知鬼不觉地在受害者体内植入芯片的话，后果将不堪设想。此外，人们也不知道，长期将芯片植入是否会给人体带来危害，因为实验并没有完全排除这种可能性，所以这种芯片是否能应用到人体还很难说。

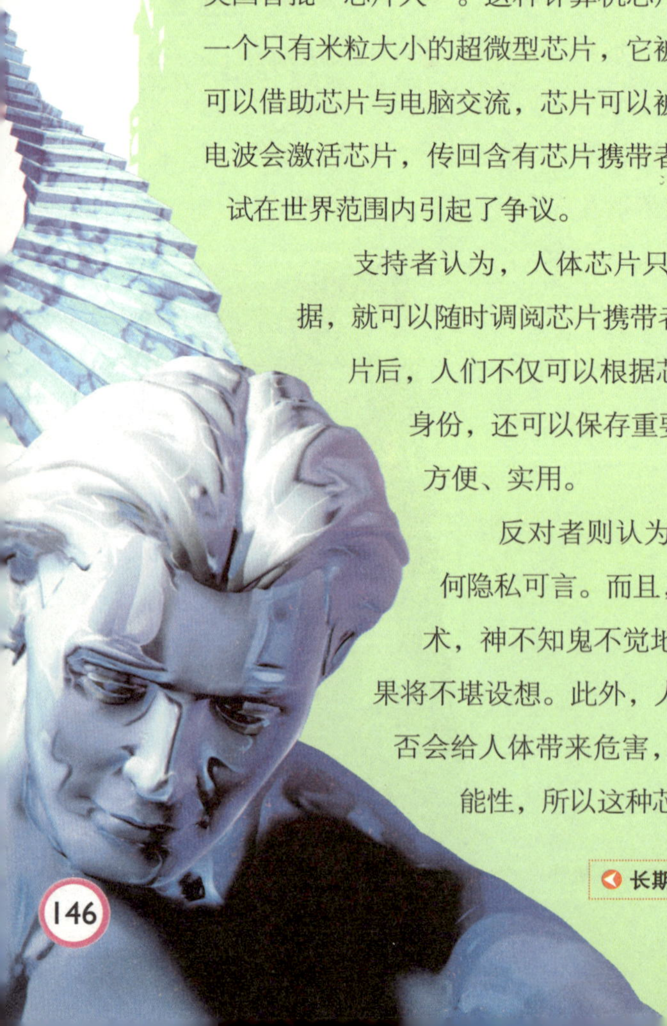

长期将芯片植入人体是否会带来危害？

人体芯片能否与人脑相连

人体芯片能代替正常的神经功能吗？
芯片能否进入人脑？

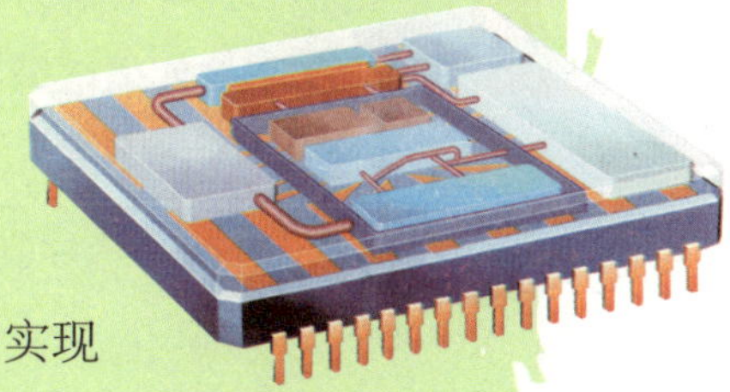

传统芯片

将芯片植入大脑，代替正常的神经功能，这样的情节经常在科幻小说中出现。那么，现实中能否实现人体芯片与人脑相连呢？

有人认为，这有可能实现。其依据是2004年美国罗得岛州一家医院在一名瘫痪患者脑中植入了一个芯片，将他成功地打造成“仿生人”。植入人脑的芯片只有一粒药片般大小，表面密布着100根比发丝还细的电极，这些电极插入大脑中负责控制运动的皮层运动区深处，并收集附近的神经细胞发出的电子信号。这些信号再通过芯片上的细金属线传到大脑头皮的钛基座上，再经由一根电线传输到计算机里，“仿生人”就可以用想象控制物体。这一切都表明芯片可以进入人脑。

对以上观点持反对意见的人认为，撇开人们对大脑动手术的畏惧不说，电线穿过的地方有可能引起感染，而且在这个试验中，芯片产生的效果也极其有限。另外，芯片能稳定工作多长时间还是未知数。加上目前用的外部芯片解码装置太庞大，因此，不能单凭上述试验就推断人体芯片能与人脑相连。

如此看来，人体芯片能否实现与人脑相连，还有待科学家进一步探索。

科学家设想，在人脑中植入芯片后，被植入的人就可以用想象控制物体。

生物芯片之谜

生物芯片与硅芯片相比有哪些优势？
生物芯片如何才能取代硅芯片？

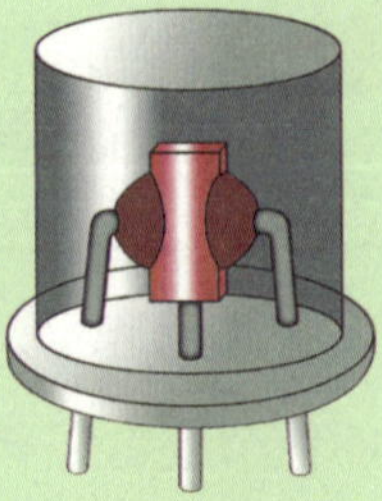

▲晶体管

在传统的芯片制造业里，硅芯片一直占据着主导地位，这种用硅制作的芯片，曾经给芯片业带来繁荣。但是，芯片业存在着一个摩尔定律，即每过18个月，同等面积芯片上的晶体管数目将会增加1倍。按这种发展规律，传统的以硅为基础的芯片会不断缩小，但这有可能导致其缩小到无法工作的程度。面临这一困境，有人提出用生物芯片取而代之。

所谓生物芯片就是在一块指甲大小的玻片、硅片、尼龙膜等材料上放上生物样品，然后由一种仪器收集信号，用计算机分析数据。生物芯片也就是人工智能专家梦寐以求的智能芯片，是实现生物计算机的关键。生物芯片相当于现代计算机所采用的硅芯片，但它的功能比硅芯片要完善得多，包括信息传输、开关、逻辑运算等。那

▼由于受摩尔定律的影响，以硅为材料的芯片会不断缩小。

科海探秘 Science

生物计算机

有些组成生物的蛋白质分子非常神奇，具有像开关一样的功能。因此，科学家目前正研究如何利用遗传工程技术，仿制出这种蛋白质分子，然后以此为元件制成生物计算机。

生物芯片计算机将比普通电脑功能更完善。

么，生物芯片有没有可能替代硅芯片呢？

对于科学家来说，制作生物芯片的首要任务是寻找适合制作的生物分子。据报道，美国的一些科学家已经成功地用水蛭的神经元构成了生物计算机。科学家们将微小的电极插入培养皿中的神经元，再对它们加以利用。结果发现每个神经元都能以自己的方式应对电流的刺激并产生电流活动。这种设备可以“自己进行思考”，原因是水蛭的神经元可以自己形成相互之间的联系，这就意味着由生物芯片制成的计算机可以自己找到解决问题的方法，而用普通的硅芯片制作的计算机只能依据程序员的指令形成这种联系。这一研究成果为生物芯片取代硅芯片提供了可能。

但是，目前生物芯片仍处于研制阶段，生物芯片技术仍然存在着许多难以解决的问题，例如：技术成本昂贵、检测灵敏度较低、分析范围较窄等。因此，我们只能期望在不久的将来，基于生物学信息传导和信息处理方式的生物芯片取代硅芯片。

用生物芯片制成的计算机，具有相当大的灵活性。

揭秘高温超导体

高温超导的机制是什么？
高温超导体为什么具有超导性？

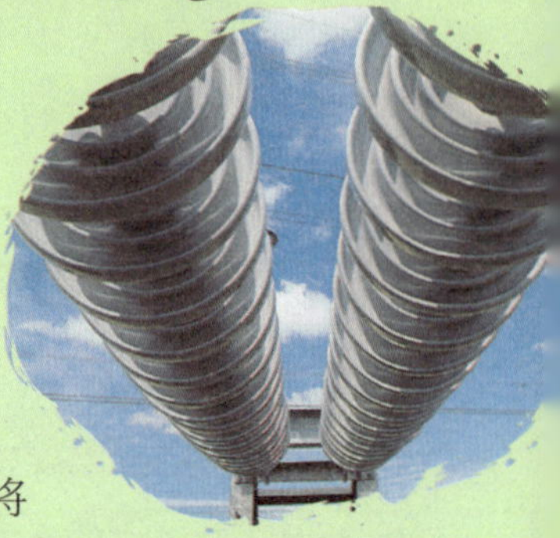

超导材料

20世纪初，荷兰科学家卡茂林·昂尼斯的一个意外发现震惊了世界，并使他获得了1913年诺贝尔奖。原来，卡茂林在实验中发现，假如将汞冷却到4.2K（相当于-268.95℃），汞的电阻就会突然消失。此后，他又发现许多金属和合金都与汞一样，具有在相似的低温下失去电阻的特点。不久，人们还发现，由于导体没有了电阻，电流流经超导体时就不会产生热损耗，可以毫无阻碍地在导线中形成强大的电流，从而产生超强磁场。这种现象称为超导电性，这一温度称为临界温度。

超导材料具有极大的实用价值。例如，人们可以利用超导材料的零电阻特性来输电和制造大型磁体。超高压输电会产生很大的损耗，而利用超导体则可以最大限度地降低损耗，但由于临界温度较高的超导体

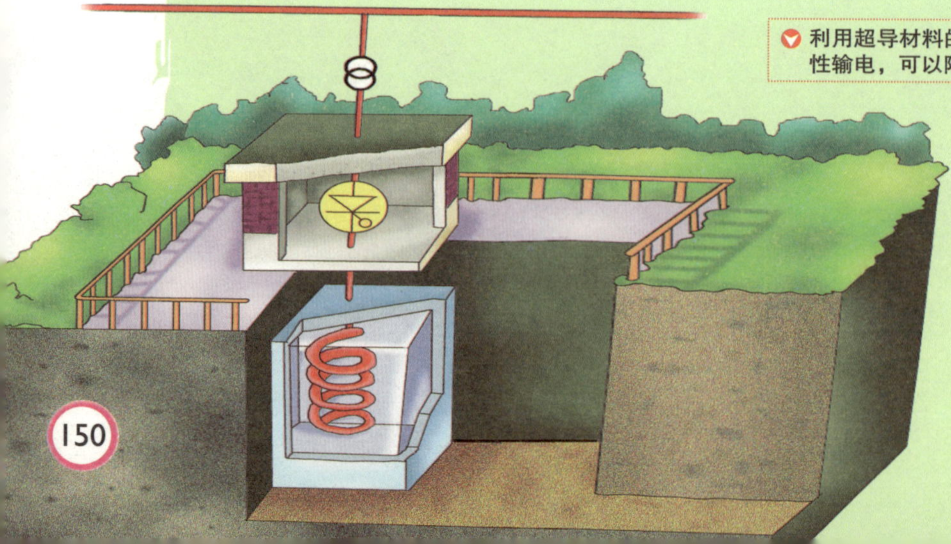

利用超导材料的零电阻特性输电，可以降低损耗。

利用超导输电可最大限度地降低损耗。

还未进入实用阶段，从而限制了超导输电技术的应用。因此，科学家们在努力地探索高温超导体。随着科技的发展，科学家发现钡镧铜氧化物的超导温度是35K（相当于-238.15℃），后来，他们又发现了138K（相当于-135.15℃）下存在超导迹象，至此，高温超导体的研究取得了巨大突破。可是，一开始就有一个问题摆在科学家的面前：高温超导体的超导机制是什么？经过数年的努力，高温超导理论虽然取得了一些进展，但目前尚处于一种百家争鸣的状态，还没有达成统一的认识。

巴丁、库珀、施里弗等科学家提出的BCS理论（超导微观理论）认为，超导体的超导机制是声子（晶格的振动）与电子紧密结合，构成超导电子，使金属呈现出超导状态。但这种理论只能够解释极低温度下的超导材料，即低温超导体的超导机制。大多数科学家认为，高温超导体的超导机制与声子无关，因而无法用BCS理论解释。

科海探秘 Science

气体的临界温度

即气态物质处于临界状态时的温度。一般情况下，气体要液化，必须降温加压。但是，如果气体温度超过了它的临界温度，无论怎样增大压强，气态物质也不会液化。

不过，最近东京大学和斯坦福大学的科学家在联合进行的实验中发现，在高温超导体的铜氧化物中，声子与电子会相互结合，从而为找到声子与超导机制的关联提供了直接证据，同时也向那些认为声子与高温超导现象无关的科学家提出质疑。可是到底高温超导体的超导机制是什么，两校的科学家仍没有给出更合理的解释。

纳米技术能攻克癌症吗

纳米技术能给癌症患者带来福音吗？
运用纳米技术攻克癌症面临哪些障碍？

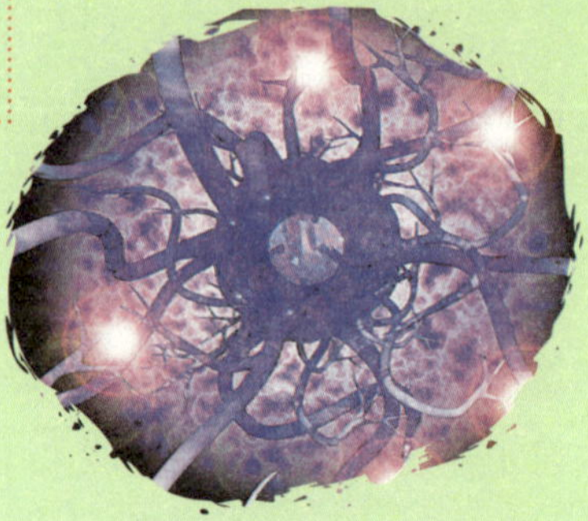

用纳米材料制成的微型医疗装置

纳米是英文nanometer的译名，是一种长度单位，相当于一米的十亿分之一，大概有45个原子串起来那么长。纳米在医学等领域发挥着神奇的作用，有些科学家正致力于研究用纳米技术来对付人类生命最大的威胁之一——癌症。美国科学家甚至预言：2015年，纳米技术将消除癌症给人类带来的痛苦和死亡。这可能吗？

在医学上，癌症治疗的关键是如何将合适的药剂运入癌细胞内，这也是目前癌症研究面临的一大难题。美国一些专家认为，可以用RNA纳米技术研制成基因材料颗粒，将抗癌药剂直接运送到癌细胞内，成功阻止癌细胞生长、扩散。他们还设计和制造出了可以寻找和杀死恶性肿瘤细胞的镀金纳米壳，并成功地应用到实验鼠身上。研究人员先将纳米壳“运送”到癌组织中，然后用近红外线从身体外部照射癌变组织。近红外线穿过人体正常组织来到癌

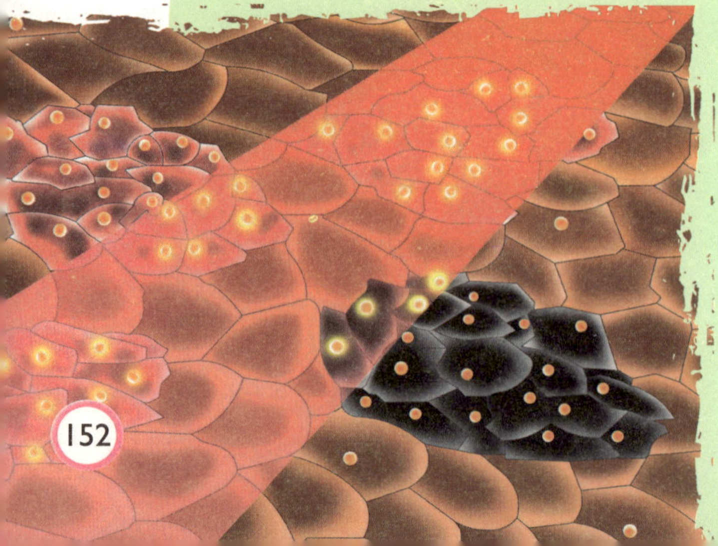

纳米技术在医学方面的应用前景广阔。

微小的纳米机器人被送入病人体内跟踪病情。

科海探秘 Science

纳米材料

纳米材料由纳米粒子组成，它在自然界中早就存在。中国古人曾经收集蜡烛燃烧的烟尘来制造精墨，这种烟尘就是纳米尺寸的碳墨。当材料被细分到纳米级别时，就会具备奇异的特性。

变组织时，能被埋藏在癌变组织中的纳米壳吸收。随着吸收量加大，纳米壳的温度开始上升，致使其周围的癌变组织升温并死亡。随着新技术的不断完善和风险的降低，科学家们将把这一技术用于人体试验。

有一些专家却认为，利用纳米技术攻克癌症，面临着许多障碍，而且纳米技术、纳米颗粒本身对生物、环境也会造成一定的危害。例如，一些纳米粉体被吸入人体后，会对人体产生严重的破坏作用，还有可能引发癌症。因为纳米技术可以制造并操控1纳米大小的物质，这些微小的纳米粒子在穿透细胞膜时可能将异物带入DNA链。研究人员还在实验中发现，鱼类摄取少量碳纳米物质后患上了脑癌；实验鼠在吸入碳纳米管（由碳原子组成的管状分子）后出现了肺病的症状。这都说明纳米技术并非十全十美。

看来，纳米技术能否给癌症患者带来福音，仍需进一步研究。

显微镜下的纳米材料

图书在版编目（CIP）数据

最不可思议的科学未解之谜／龚勋主编．—汕头：汕头大学出版社，2012.1（2021.6重印）

ISBN 978-7-5658-0503-5

Ⅰ．①最…　Ⅱ．①龚…　Ⅲ．①科学知识－少儿读物　Ⅳ．①Z228.1

中国版本图书馆CIP数据核字（2012）第003504号

最不可思议的科学未解之谜

ZUI BUKE SIYI DE KEXUE WEIJIE ZHIMI

总 策 划	邢　涛
主　　编	龚　勋
责任编辑	胡开祥
责任技编	黄东生
出版发行	汕头大学出版社 广东省汕头市大学路243号 汕头大学校园内
邮政编码	515063
电　　话	0754-82904613
印　　刷	唐山楠萍印务有限公司
开　　本	705mm×960mm　1/16
印　　张	10
字　　数	150千字
版　　次	2012年1月第1版
印　　次	2021年6月第6次印刷
定　　价	37.00元
书　　号	ISBN 978-7-5658-0503-5